ADGD0026

GESTIÓN DE TESORERÍA

ADGD0026

GESTIÓN DE TESORERÍA

Juan Jose Villate Alonso

La ley prohíbe
fotocopiar este libro

ADGD0026 - GESTIÓN DE TESORERÍA
© Juan Jose Villate Alonso
© De la edición: Ra-Ma 2025

Editado por:
RA-MA Editorial
Calle Jarama, 3A, Polígono Industrial Igarsa
28860 PARACUELLOS DE JARAMA, Madrid
Teléfono: 91 658 42 80
Fax: 91 662 81 39
Correo electrónico: *editorial@ra-ma.com*
Internet: *www.ra-ma.es* y *www.ra-ma.com*
ISBN: 979-13-8764-280-8
Depósito legal: M-5578-2025
Maquetación: Antonio García Tomé
Diseño de portada: Antonio García Tomé
Filmación e impresión: Safekat
Impreso en España en febrero de 2025

A mi familia

ÍNDICE

INTRODUCCIÓN

Tras **más de veinticinco años como tesorero**, siento la necesidad de compartir mis experiencias en este libro, para que sirvan de ayuda a quien lo pueda necesitar.

La tesorería es una parte fundamental del departamento financiero de la empresa, y su importancia ha crecido enormemente en los últimos años. Gestionarla correctamente es fundamental y requiere unos conocimientos adecuados.

La empresa donde trabajo acumula más de sesenta y cinco años de antigüedad, realizando todo tipo de montajes y mantenimientos en diferentes sectores energéticos e industriales, tanto en la península como en el extranjero. A través de empresas nacionales y filiales en países foráneos.

Ha sufrido profundas transformaciones desde su creación, muchas de las cuales me ha tocado vivir directamente. Principalmente la adquisición de empresas de actividades y sectores diferentes pero complementarios, que la han convertido en un grupo industrial altamente diversificado.

Trabajamos en Europa, África y América. El grupo lo componen cinco empresas españolas, cuatro filiales europeas, cuatro americanas y una africana, tenemos cuentas en veintisiete bancos (dieciocho nacionales y nueve extranjeros) de seis monedas diferentes (euro, dólar, sol, peso, libra y dírham). La facturación en 2022 alcanzó los trescientos MM euros, proporcionando trabajo a más de mil quinientas personas. Gestionamos más de cien líneas financieras: cuentas de crédito, líneas de avales, préstamos, anticipo de facturas, créditos documentarios, seguros de cambio, financiación de proveedores e impuestos y confirming por un importe total de ciento veinte MM euros.

Estas cifras, hablan por sí solas de la complejidad de mi trabajo y me animan a compartir lo que en él he aprendido para ayudar a quien lo pueda necesitar, sobre todo a personas que deban gestionar tesorería y al no estar acostumbradas a ello, puedan cometer errores que impliquen costes financieros, no previstos, ni deseados y que se pueden evitar fácilmente.

No es un manual técnico para uso exclusivo de economistas, ni una recopilación de historias y consejos, sino una mezcla de ambos. Todas las cifras y datos que aparecen en él son ficticios.

A diario todos recibimos gran cantidad de información, tanto en el ámbito profesional como en el personal, la mayoría inservible. Hay que seleccionarla con mucho cuidado para descubrir la que realmente nos es útil.

Hace años en una gran multinacional, el departamento financiero elaboraba mensualmente un detallado informe para los directores de todos los departamentos. Un mes, por error, enviaron el informe del mes anterior. Al darse cuenta del fallo, callaron por temor a las consecuencias, ya que el consejero delegado recibía dicho informe. Sin embargo, no pasó absolutamente nada, nadie se quejó porque *nadie leía el informe*. Esta historia, es un ejemplo de las situaciones que intento evitar que sucedan con este libro, proporcionando para ello información sencilla, directa y eficaz e intentando sobre todo que el lector aprenda a hacer lo mismo.

1

LA FIGURA DEL TESORERO

La evolución en la revisión económica de las empresas en los últimos 30 años ha sido enorme, han surgido numerosos ratios y mecanismos de control. A finales de los años 90 del siglo pasado comenzó a usarse el EBITDA (beneficio antes de intereses, impuestos, depreciaciones y amortizaciones), como complemento del tradicional beneficio neto. Posteriormente apareció el estado de flujo de efectivo. Y últimamente el santo grial es el ratio deuda neta/ebitda que clasifica la solvencia financiera de la empresa, principalmente para la banca.

El estado de flujos de efectivo es un estado financiero básico que muestra cómo se genera liquidez en una empresa y cómo se consume. El objetivo es determinar la capacidad de la empresa para generar caja, con la cual pueda cumplir con sus obligaciones y con sus proyectos de inversión y expansión.

En el apartado 4.4 Deuda financiera veremos en detalle que es la deuda neta y el EBITDA con un ejemplo.

La figura del tesorero tiene gran importancia en la empresa actual. Ya no se mide a una compañía solo por sus pérdidas o ganancias. La deuda, ratios de endeudamiento y el estado de flujos de efectivo son magnitudes que se analizan con lupa a la hora de valorar una empresa. Y su buena gestión depende en gran medida de la profesionalidad y buen hacer del tesorero.

Es necesario reivindicar su labor y diferenciarla de la de los demás. A menudo se confunde, por personas ajenas al mundo empresarial, con la de contable y no tiene nada que ver con ella. A veces, yo mismo he sufrido esa confusión, con familia y amigos.

En la película "Los señores de la mafia", del 2019 dirigida por Guy Ritchie y protagonizada por Colin Farrell, Hugh Grant y Matthew McConaughey, hay una escena en la que dos mafiosos negocian el precio de varias plantaciones de marihuana.

El comprador, el actor Jeremy Strong le ofrece al vendedor, Matthew McConaughey, 100 millones de USD, y le indica que su "contable" le puede transferir ese importe en una hora. No dice su "tesorero", sino su contable, parece algo intrascendente, pero representa claramente que el trabajo del tesorero es tan poco conocido y valorado, que ni siquiera se menciona su nombre cuando se habla de su labor.

Es por esto por lo que cuando el bueno de Matthew le obliga a Jeremy a transferirle 270 millones de USD, bajo amenaza de morir congelado y a entregarle una libra de carne de su propio cuerpo por unas pequeñas "inconveniencias" que le había causado en su negocio para rebajar el precio de este, yo no sienta ninguna lástima por él, sino todo lo contrario.

Esta escena cinematográfica, me da pie a explicar un principio fundamental para que el tesorero pueda realizar sus funciones correctamente y contribuir a la buena marcha de la empresa: su completa separación de la gestión contable, no debe introducir ni un solo asiento. Yo, hasta hace poco no sabía ni sacar un balance del programa de gestión, y lo aprendí porque lo obtenía más rápidamente generándolo yo mismo que pidiéndolo, pero no introduzco ni un solo apunte contable.

La razón es bien sencilla, el tesorero es un gestor de recursos que debe maximizar, debe estar centrado en la gestión y pensando continuamente que acciones debe poner en marcha, para obtener el mayor rendimiento de los recursos financieros de la empresa al menor coste posible. Sobre todo, debe estar pensando: que acciones emprender para mejorar la negociación con los bancos, reducir costes financieros, la dependencia bancaria, mejorar la comunicación entre departamentos, la morosidad y la fluidez del flujo de información. Pensar, pensar y pensar, eso debe estar haciendo continuamente un buen tesorero, incluso cuando duerme.

La gestión contable no implica pensar, se trata de introducir apuntes (asientos) de forma mecánica en un sistema para emitir unos informes (balances y cuentas de pérdidas y ganancias) que deben ser analizados. Si el tesorero se dedica a contabilizar, no se dedicará a pensar y su rendimiento se resentirá. Incluso si solo dedica un par de horas diarias a contabilizar, ese tiempo, el inmediatamente anterior y el inmediatamente posterior no estará pensando y no realizará correctamente su trabajo.

Aunque se trate de pequeños negocios en los que solo una persona es todo el departamento de administración: contable, tesorero, auditor interno y controller habrá que mantener esta norma. Incluso en el caso de que una sola persona sea director financiero, comercial, jefe de producción y gerente deberá mantenerse esa separación. ¿Cómo hacerlo?, dedicando siempre un mismo periodo de tiempo para la labor de tesorero, por ejemplo, revisar los bancos y llamarles si fuera necesario todos los días a las 11:00, o todos los miércoles a las 10:00, en ese periodo ejerceremos "exclusivamente" nuestra función de tesorero.

Existen 6 cualidades que debe tener el tesorero para desempeñar correctamente su trabajo:

1. Sociable.
2. Constante.
3. Educado.
4. Paciente.
5. Positivo.
6. Discreto.

1. Sociable, debe relacionarse con el mayor número de personas posibles en la empresa. Porque todos los departamentos le enviarán pagos a realizar en algún momento, y cuanto más en contacto esté con los departamentos y con el personal de estos, antes podrá conocer los posibles pagos/cobros imprevistos y tener ya prevista la forma de hacerlos frente.

   El tesorero debe estar permanentemente informado del "día a día" de la empresa y de los nuevos proyectos y/o licitaciones en los que está inmersa. Si está aislado en su puesto y no se relaciona, conocerá muchas veces tarde esas importantes necesidades con escaso margen de maniobra. Conociéndolas con tiempo puede ir planificando adecuadamente las entidades financieras, a las que solicitar ese posible nuevo aval, crédito documentario o cualquier otra operación que pueda surgir.

   No es complicado establecer dichos contactos, porque a la gente le gusta tener una buena relación con la persona que maneja la tesorería, por lo que de ella pudieran necesitar en el futuro. Por lo tanto, les interesa que el tesorero conozca cuanto antes esas posibles necesidades futuras, y nosotros como tesoreros también necesitamos conocerlas con tiempo suficiente para organizar su trámite, de forma correcta y ordenada. Todos ganamos, pero para que esa comunicación sea lo más fluida posible, hay que ser una persona sociable y accesible, de trato agradable y comunicativa.

   Incluso aunque las posibilidades de que se realicen esas operaciones futuras sean pequeñas, y aunque las cifras sean difíciles de concretar, mejor es conocerlas con tiempo, aun siendo aproximadas, que desconocerlas por completo porque "cualquier cifra es mejor que ninguna".

   Y aunque no nos guste el café, es importante hacer siempre un descanso a media mañana con el mayor número de gente posible. Estar en esos corrillos donde a veces no se dice nada relevante, pero en otras ocasiones, a veces de casualidad, se habla de importantes temas laborales que nos pueden afectar de lleno y que de otra forma quizás tardemos más en conocer.

2. Constante, porque muchas veces deberá perseguir los temas pendientes de forma continuada para evitar que caigan en el olvido: desde pedir la devolución de un aval, una fianza, reclamar un cobro o la retrocesión de unas comisiones cobradas de forma indebida por el banco.

En una ocasión, tuvimos dos avales de nuestra filial mexicana por ? MM USD, emitidos por una aseguradora mexicana y contravalados por un banco español que vencían en diciembre 2019, pero tenían una prórroga de 6 meses hasta junio 2020. Debian ser cancelados en esa fecha o corríamos el riesgo de que los ejecutasen. Para ello necesitábamos que el cliente devolviese el aval a la afianzadora mexicana, y esta al banco mejicano que lo había emitido y este enviase un Swift (comunicación electrónica entre bancos) al banco español dando por cancelados ambos avales.

Todo se complicó mucho, la aseguradora mexicana fue comprada por una multinacional norteamericana que impuso sus protocolos de actuación y ralentizó el proceso enormemente, estalló la pandemia por el COVID-19, los trabajadores de la aseguradora mexicana empezaron a teletrabajar sin acceso a sus oficinas y al aval físico, y el banco mejicano que pertenece al gobierno cerró todas sus oficinas.

Una vez por semana llamaba a nuestro contacto en la aseguradora mexicana, y siempre me daba buenas palabras, pero ningún hecho concreto. La fecha de vencimiento se aproximaba de forma inexorable y el banco español me reiteraba que la única forma de cancelar los avales era recibiendo el Swift del banco mejicano, lo cual era imposible si estaba cerrado. Tampoco podíamos viajar allí a acelerar el proceso o intentar hacer algo porque las fronteras estaban cerradas. Y la amenaza de ejecución seguía latente, ya se produjo un intento anterior de ejecución en una de las prórrogas que realizamos con estos avales.

Continué llamando todas las semanas a la aseguradora mexicana sin conseguir más que buenas palabras y sin saber si me estaban mintiendo o realmente no podían hacer nada más. Intentamos otras vías como llamar a nuestro gestor nacional de seguros y a través de su contacto en la multinacional norteamericana mover el asunto, pero el Swift seguía sin recibirse.

Cuanto más espesa se volvía la situación, más amable intentaba ser en la llamada semanal y luchaba contra la inevitable sensación de que me estaban engañando, incluso cuando me decían que ya habían conseguido entregar el aval en el banco y que era cuestión de días recibir el Swift. El tema de la ejecución de avales en el extranjero es realmente espinoso, y hay que tener con él un cuidado extremo, porque intervienen muchos actores: banco español que contravala, banco extranjero que emite el aval, afianzadora mexicana en este caso que avala dicha operación y cliente. Finalmente, 10 días antes del vencimiento se recibieron los Swift en el banco español cancelando ambos avales.

Llamé a la aseguradora mexicana para agradecerle su ayuda y sobre todo para tranquilizar mi conciencia, con las dudas que había tenido en mis conversaciones con ellos. Y aunque era realmente desagradable la llamada semanal, nunca dejé de hacerla, quizás si no hubiera insistido tanto el desenlace hubiera sido otro.

3. Educado, porque en muchas ocasiones los clientes nos mentirán al decirnos que van a pagar, los bancos tratarán de aprovecharse de nosotros, vendiéndonos productos financieros que no necesitamos y a ellos les interesa vender, auditores con la edad de nuestros hijos, recién salidos de la universidad nos pedirán información que no saben ni lo que es, ni para que sirve.

Y en numerosas ocasiones tendremos enormes deseos de decirles cosas no muy agradables, pero nunca deberemos hacerlo, porque nunca se sabe cuándo necesitaremos de ellos ayuda o un favor. Como me sucedió un tiempo atrás.

Hace unos años, una nueva empresa del grupo, adquirida recientemente empezó a crecer exponencialmente debido al incremento del comercio digital y la construcción de plataformas logísticas para las empresas que a él se dedican. Lógicamente nuestras necesidades financieras, sobre todo de avales y confirming también aumentaron considerablemente.

Solicitamos aumentar líneas existentes con los bancos con los que trabajábamos y conseguimos varios incrementos, pero no eran suficientes. Aceleramos las conversaciones que manteníamos con varios bancos que querían comenzar a trabajar con nosotros. En concreto había uno, que no cesaba de repetirme que la operación era segura y que entrarían con una línea de avales de 1,5 MM euros y otra de confirming del mismo importe, algo que realmente necesitábamos.

Estuve unos tres meses manteniendo reuniones y enviándole la información que solicitaba: cuentas anuales del año anterior de todas las sociedades, declaraciones IVA e IRPF del año en curso, cierre trimestral del ejercicio actual, presupuesto de cierre del ejercicio para las cuatro sociedades, impuesto de sociedades, cartera de pedidos, posición actual de nuestra deuda, clasificada por bancos y productos (pudiera haber dicho "pool bancario", pero me parece un esnobismo) y CIRBE "informe de riesgos a la Central de Información de Riesgos del Banco de España".

La CIRBE es un documento realmente complejo, porque cada banco comunica al Banco de España la deuda de cada empresa de una forma diferente y muchas veces cuando son varias empresas las titulares o avalistas de la línea, multiplica el riesgo por cada sociedad, por lo que conseguir que coincida con la realidad es una tarea difícil, que obviamente también me pidió y que me llevó varios días cuadrar.

Finalmente, tras pasar el comité de riesgos, nuestra operación fue desestimada. Su argumento para ello fue que el banco ya había cubierto sus objetivos a nivel anual, y que a pesar de que nuestras cifras eran buenas y la apertura de líneas era clara, sencillamente no les interesaba realizarla.

Tanto el director financiero como nuestro auditor interno contable me instaron a que llamase al gestor con el que había tratado y le dijese que su proceder no había sido nada profesional y que no nos volviera a llamar.

Pero no lo hice, en lugar de ello, le dije que estaba profundamente decepcionado y que me causaba un grave problema en la empresa porque ya contábamos con esas líneas y que, a mí, a nivel profesional me dejaba bastante mal dentro del grupo porque ya había dado por segura la operación. Lo cual no era del todo cierto, exageré y dramaticé la situación, para que el gestor se sintiera culpable y nos tuviese en cuenta para el próximo ejercicio. Suavicé la conversación, indicándole que entendía que no era culpa suya, si no decisión de su departamento de riesgos.

Pasaron los meses, cerramos ese ejercicio y la facturación continuó aumentando en el siguiente, por lo que las necesidades de confirming y avales cada vez fueron mayores. Necesitábamos duplicar las líneas cuanto antes. Comenzamos a sufrir tensiones financieras en las líneas de esos productos, cuando, un día de repente, me llamó el gestor del banco anteriormente mencionado, tremendamente amable y lamentando lo sucedido meses atrás.

Por fin, en esta ocasión abrimos cuenta y las líneas que me había indicado inicialmente, ya llevamos varios años con ellos, y dichas líneas siempre han estado totalmente dispuestas. Si le hubiera dicho que no me volviese a llamar nunca, no contaríamos con esas líneas tan necesarias. Hay que ser educado y cortés, se logran más cosas y no cerrar nunca puertas a nadie, independientemente de lo que haya sucedido en el pasado. No hay que gestionar con rencor.

4. Paciente. La paciencia es la madre de todas las habilidades, es la ciencia de la paz, necesario tenerla y desarrollarla. Aunque resulte casi utópico en los tiempos actuales donde la inmediatez reina por encima de todo. Implica no reaccionar ciegamente a una situación dada. A veces con contar hasta diez es suficiente, pero en otras ocasiones hay que contar hasta cien.

    Es necesario tener perspectiva y visión a largo plazo, ser consciente que hay trabajos que no proporcionan los frutos deseados de inmediato, si no después de meses, y a veces años de duro trabajo.

    Quiero compartir un ejemplo en la negociación con bancos, que luego detallaré con más detalle en el apartado 4.

    Cuando comencé a ejercer de tesorero, hubo una ocasión en la que teníamos tensiones de tesorería y necesitábamos un préstamo urgentemente. Tuve una reunión con un banco, y nada más comenzar le dije que necesitábamos un préstamo. Casi no nos habíamos sentado cuando ya se lo había dicho. Mostré tanta ansiedad que no lo concedieron.

    Veinte años después se repitió la misma situación con el mismo banco, pero distinto gestor. En esta ocasión actué de forma diferente. Nos sentamos y dediqué unos minutos a hablar de frivolidades para favorecer un clima relajado, algo que hace años era habitual en las reuniones, pero que últimamente se ha perdido. Dejé que ellos llevaran el peso de la reunión y que hablaran, hasta que nos solicitaron la firma de un préstamo, porque era el producto que actualmente más gestionaban y encajaba dentro de su planteamiento financiero con nosotros. Obviamente, les dije que no era lo que estábamos pensando, pero qué por hacerles un favor, lo valoraríamos. Les hice esperar una semana y les respondí que podíamos firmarlo, pero con una rebaja del precio inicial que nos indicaron, a lo que accedieron de inmediato.

En eso consiste la paciencia, y tenerla funciona, da resultados. No mostrar nunca nuestras necesidades, ni nuestra angustia por cubrirlas, hasta que la otra parte negociadora nos muestre las suyas.

5. Positivo, porque en unas ocasiones realizaremos gestiones y trabajo que no darán fruto y en otras el resultado dependerá de la confianza y seguridad que transmitamos a la banca para negociar la ampliación de una cuenta de crédito, por ejemplo.

   Debemos estar siempre de buen humor, o por lo menos intentarlo. Ya que las personas con las que nos relacionamos perciben esa buena sintonía que emitimos y son mucho más receptivas a nuestras solicitudes.

   En las reuniones con bancos, clientes o personal interno, hay que transmitir confianza, seguridad y positivismo. Si vamos a proponer cambios, solicitar modificaciones y/o realizar peticiones, debemos estar firmemente convencidos de que se van a cumplir. Ensayemos nuestros mensajes verbales y aunque parezca un sinsentido, sonriamos cuando hablemos por teléfono, porqué la persona que está al otro lado de la línea lo percibirá. Al sonreír utilizamos 12 músculos, la tensión facial se relaja y eso afecta a nuestro estado de ánimo y al tono de nuestra voz.

   Y cuando dependamos de una decisión de un tercero: que nos pague un cliente o que un banco nos dé una respuesta a una petición de crédito, solo tenemos dos opciones: pensamiento positivo o negativo, ambas cuestan lo mismo y la primera ofrece mayores ventajas que la segunda, porque el pensar que se cumplirá lo que necesitamos, nos hará comportarnos con una certeza de que así sucederá que influirá en nuestros interlocutores para nuestro bien.

   Nuestro convencimiento debe ser absoluto, pero sin caer en la ilusión de la imposibilidad del fracaso. Lo importante es que en todo proceso en que nos veamos envueltos, seamos sociables, constantes, educados, pacientes y positivos dando el 100% de nosotros, de forma que si no lo conseguimos no sea porque hayamos podido hacer algo más.

6. Discreto. Siempre he valorado enormemente la discreción en las personas me parece un rasgo esencial que dignifica y enaltece a quién la posee. Por el contrario, no soporto a las personas que preguntan continuamente cosas que no son de su incumbencia, simplemente por curiosidad. Hay que tener

cuidado con ellas, siempre acarrean problemas. La discreción es un rasgo fundamental en el tesorero.

Tanto si la situación financiera es buena, como si es mala, esa información debe quedar única y exclusivamente entre las personas de la empresa a las que les compete conocerla.

Lo mismo que los sueldos, dividendos, incentivos, comisiones por compra/venta de activos, patrocinios, gastos de hoteles, comidas, viajes al extranjero, coste de los vehículos de renting de dirección y muchos más datos que pueden ser preguntados muchas veces "a bocajarro", por personas a las que no les compete conocerlos, pero que quieren saberlos.

No es necesario ser desagradable la primera vez que alguien nos pregunte algo que no debe saber, baste con dar una respuesta graciosa y evasiva tipo: "uf, es complicado de explicar", seguro que la persona se da por enterada y no insistirá, pero caso de hacerlo habrá que dejarle bien clara, que esa información no es de su incumbencia.

Finalmente, el tesorero tiene una oportunidad de oro al relacionarse con tanta gente y con todos los departamentos de la compañía. Es una de las pocas figuras empresariales, junto con el director financiero y consejero delegado que contacta con todos los departamentos, y ello puede servir para dos aspectos muy importantes.

El primero es hacerse valer a nivel profesional, prestando un servicio rápido y eficaz. Muchas veces el conseguir un aval rápidamente, realizar un pago en la fecha prevista o solucionar un imprevisto facilitan la realización del proyecto y consolidan las relaciones con clientes y proveedores estratégicos.

El segundo es la responsabilidad de intentar desde esa posición de contacto continuo, cohesionar y favorecer la integración y unión de los departamentos. Es normal que en las empresas haya luchas de poder entre departamentos y/o directores de estos. Que se trate de imponer el criterio comercial, sobre el financiero o el de producción sobre el comercial, apartándose a veces del bien común y fragmentando la unidad de la empresa, que en nada favorece la buena marcha de esta. A veces, el tesorero se encuentra inmerso en medio de estas luchas de poder, y debe tratar de mediar en la medida de lo posible en dichas confrontaciones, teniendo siempre claro que la decisión final escapará de su competencia, pero un consejo dicho en el momento adecuado en base a la experiencia acumulada puede tener su peso.

RECUERDA:

▸ El tesorero tiene gran importancia en la empresa debido al peso cada vez mayor de las finanzas.

▸ Debe estar separado de la contabilidad.

▸ Es muy importante, que sea sociable, constante, educado, paciente, positivo y discreto.

▸ Al estar en contacto con todos los departamentos, debe cohesionarlos y ayudar a la unidad de estos.

2

LA EMPRESA, ENTORNO HOSTIL

La visión que la universidad da de la empresa está muy alejada de la realidad. Normalmente, la presenta como un lugar idílico, donde todo funciona sin contratiempos: las personas y los departamentos se relacionan sin problemas, nadie miente ni engaña, los sistemas informáticos nunca fallan, las ventas crecen sin parar, los bancos conceden financiación de forma fluida, los clientes pagan todas y cada una de sus facturas en su correspondiente vencimiento si no antes, no hay envidias ni manipulaciones, y sobre todo *nadie comete errores*.

No recuerdo haber estudiado en la facultad ningún ejemplo empresarial de fracaso, quiebra, mala gestión, ineficiencia, ni de problemas de coordinación entre departamentos. Sin embargo, esa es la realidad del día a día. Y los recién licenciados chocan brutalmente con ella. Es frustrante ver como continuamente llegan universitarios a la empresa y se desconciertan ante el nuevo escenario que les toca vivir. Nadie los ha preparado para él, y no son capaces de ser productivos ante tanta adversidad, ni de soportar la frustración que genera trabajar en un entorno tan hostil.

Lo primero que se debería enseñar en la universidad acerca de la empresa es que en ella, se debe hacer muchas veces cosas desagradables y que probablemente con muchas de ellas no estemos en absoluto de acuerdo. Pero hay que tener claro que una empresa es una entidad con ánimo de lucro y no una O.N.G.

También se debe hacer saber que la empresa es un entorno cruel y despiadado en el que hay que luchar y esforzarse a diario para sobrevivir y salir adelante.

Luchar dentro de la empresa por la supervivencia personal y fuera de ella por la supervivencia de la propia compañía.

Una forma de afrontar con éxito esa lucha es fijar objetivos concretos y bien definidos, tanto a nivel personal para cada trabajador, como a nivel global para la empresa. Cada compañía, por pequeña que sea, debe tener un plan estratégico que guíe su futuro, e indique el lugar dónde quiere estar dentro de uno o tres años y los objetivos que debe cumplir para alcanzar dicho lugar. Y cada trabajador debe tener exactamente lo mismo.

Lo ideal es que desde el departamento de personal se establezca esa carrera profesional dentro de la empresa, con unos objetivos y recompensas por lograrlos para cada trabajador, pero realmente esto es complicado, por lo que nosotros mismos deberemos marcarnos nuestros propios objetivos dentro de nuestra carrera profesional, a corto y largo plazo. Por mucho que nos parezca difícil conseguirlos e incluso a veces definirlos. Pero es fundamental tenerlos, si no es así, el trabajador va a la deriva, sin rumbo, ni ilusión, siendo esto lo peor para él, para su rendimiento y por ende para la propia empresa.

Una vez fijados los objetivos debemos intentar conseguirlos por todos los medios posibles, y ser inteligentes para ello. Rodeándonos de gente que nos ayude, y apartándonos de las personas que nos dificulten lograrlos. Es fácil saber quién nos puede ayudar, y quién no. Las personas que como nosotros se hayan, o les hayan marcado unos objetivos y se esfuercen en conseguirlos estarán más en sintonía con nosotros y podrán ayudarnos a crear un clima en el que desenvolvernos mejor, mientras que las personas que se limiten a "cumplir" con sus tareas sin tener objetivos, ni ilusión por conseguirlos solo serán un obstáculo en nuestro camino y un lastre en nuestra carrera profesional, debiendo evitarlas, Estoy seguro que todos los que están leyendo estas líneas, saben a qué tipo de personas me refiero.

Y la edad no tiene nada que ver con ello. En la película "El becario", del 2015 dirigida por Nancy Meyer y protagonizada por Robert de Miro y Anne Hathaway, él es un jubilado viudo de unos setenta años que decide incorporarse a un programa para becarios en una empresa de reciente creación que vende ropa por internet. Logra el puesto y tras esforzarse, ayuda a la consejera delegada a superar los problemas que la atenazaban. Es un ejemplo de motivación, esfuerzo y obtención de logros muy enriquecedor. Hay que desterrar el tópico de que el trabajo es aburrido y odioso, la gente que piensa así es infeliz y desgraciada. Por muy tedioso y monótono que parezca el trabajo está en la mano de cada uno de nosotros hacerlo interesante y divertido.

También hay que evitar como la peste a los clásicos "trepas", personas cuyo único objetivo es medrar en la empresa a costa de lo que sea y de quien sea. O aprender todo lo posible para "engordar" su currículum y cambiar de empresa a la menor oportunidad. Son muy ingeniosos en el desarrollo de habilidades sociales para atraer a la gente y tenerla de su lado, pero en el fondo lo único que buscan es utilizarla como un medio más en el logro de sus objetivos. Hay que ser consciente que la amistad es un bien escaso y difícil de encontrar dentro de la empresa.

Y que es imposible ser amigo de una persona a la que solo le preocupa su futuro profesional y que está dispuesta a pasar por encima de cualquiera con tal de hacer que este mejore. Rodeémonos de profesionales trabajadores, no de "aparentes profesionales" que lo único que buscan es aprovecharse de nuestras ideas y trabajo para su propio beneficio. Es muy importante distinguirlos.

También es importante saber desenvolverse en entornos caóticos y adaptarse rápidamente a todo tipo de cambios: cambios de director de departamento, director general, estrategia empresarial, tipo de negocio, entidades bancarias, productos financieros, programa de gestión, asesor fiscal, auditores, gestores bancarios. Y jamás mencionar, aquello de "es que antes con el otro era mejor". El "otro" no va a volver y no merece la pena perder más tiempo recordándolo, además el tópico de que todo tiempo pasado fue mejor, la mayoría de las veces es falso y no nos ayudará en absoluto.

Hay que pensar siempre en positivo, y la mayoría de las veces lo que aparentemente es un problema, en realidad es una oportunidad, todo depende de la manera en que lo enfoquemos y nos enfrentemos a ello. O dicho de forma más sencilla, "a río revuelto, ganancia de pescadores".

De cómo afrontemos esos cambios imprevistos, de cómo reaccionemos a ellos y sepamos salir adelante, dependerá en gran medida nuestro futuro profesional. Y para ello, uno de los puntos más importantes es mantener siempre la calma, por muy trascendente que sea el cambio o por muy complicado que sea el problema, lo más importante es mantener la serenidad para valorar las alternativas que tenemos para solucionarlo, porque siempre existen alternativas, pero se necesita tranquilidad y sosiego para darse cuenta de ellas y ponerlas en marcha.

El colofón a todo lo anterior, es que realmente lo que hay que hacer por encima de todo es darle un valor añadido a nuestro trabajo, que lo haga diferente del resto y que nos convierta en una persona necesaria, y valorada dentro de la organización. ¿Cómo hacerlo?, depende de cada puesto y de cada empresa, de los compañeros y jefes que se tengan. Pero deberemos buscar la forma de ser creativos, imaginativos y aportar algo que nos haga "diferentes" al resto. A diario, debemos cuestionarnos si nuestro trabajo lo puede realizar una máquina, si es así, es que no lo estamos haciendo bien, y tarde o temprano nos acabarán sustituyendo por una.

Pero si nuestro trabajo no lo puede realizar una máquina, normalmente es porque estamos dando lo mejor de nosotros y aportando un "valor añadido", que sin duda será reconocido.

Cerca de mi domicilio hay cuatro fruterías, la que visito asiduamente es la que mejor relación precio/calidad ofrece, pero también aquella en la que los dependientes se han preocupado más por conocerme y me prestan un servicio "personalizado", me preguntan por el baloncesto porque saben que me gusta, se interesan por mis hijos, por mi pareja y por cómo me va la vida. No se limitan a despacharme la fruta como pudiera hacer un autómata, se preocupan realmente en hacer que mi estancia en su establecimiento sea lo más agradable posible y esa es la clave que me hace volver a dicho local. Me observan y si me ven callado, respetan mi silencio y entienden que por la razón que sea, no me apetece conversación ese día. Obviamente la calidad y el precio del producto es buena, pero similar a la de varias de las fruterías que les rodean y no es eso lo que me hace cliente asiduo, porque si me apuran es algo más cara que el resto.

Trabajar en equipo y saber relacionarse con externos también es fundamental en el trabajo del tesorero. Para triunfar es básico cómo gestionemos las relaciones personales tanto dentro de la propia empresa, como con los agentes externos con los que nos relacionemos: clientes y bancos principalmente, de forma que logremos lo que de ellos necesitamos. Y qué como yo con la frutería, quieran volver a trabajar con nosotros, se sientan cómodos en la relación y den siempre buenas referencias nuestras.

RECUERDA:

▶ La empresa es un lugar duro y competitivo donde deberemos hacer y decidir cosas desagradables.

▶ La mejor forma de estar en ella es fijar unos objetivos y luchar por conseguirlos.

▶ Debemos rodearnos de gente que piense y actúe como nosotros. Evitar "trepas" y personas no profesionales.

▶ Es fundamental adaptarse a los cambios y trabajar en entornos cambiantes y caóticos sin reducir el rendimiento.

▶ Dar valor añadido a nuestro trabajo, cuestionándonos continuamente si lo puede realizar una máquina.

3

PRESUPUESTO DE TESORERÍA

Es el trabajo más importante del tesorero.

Podemos definir perfectamente la política financiera, reclamar a diario las facturas pendientes de cobro, negociar perfectamente con la banca y estar equilibrados emocionalmente, pero si no sabemos si tenemos liquidez suficiente para afrontar los pagos de los próximos 30 días, significa que no estamos haciendo bien nuestro trabajo.

He preferido no indicar ningún ejemplo real porque cada empresa y tesorero son diferentes, y cada uno debe realizar el presupuesto de tesorería en función de la idiosincrasia de su compañía y de su propia forma de trabajar. Lo que muestro a continuación son unas pautas generales y aspectos básicos para su realización.

Como su propio nombre indica, se trata de un presupuesto, y habrá diferencias respecto a las cifras reales que se produzcan, pero hay que tenerlo hecho cuanto antes, aunque los números no sean exactos. A veces, los departamentos a los que pidamos importes a pagar nos pondrán dificultades para suministrarnos la información, pero hemos de exigirles que nos envíen las cifras solicitadas, aunque sean estimadas, y seguir la máxima de que cualquier cifra es mejor que ninguna.

Si se trabaja en un grupo con filiales, cada una de ellas debe tener su presupuesto, y en función de él, gestionaremos correctamente la tesorería global del grupo, según el concepto de caja única o cash pooling, esto es, tesorería centralizada. De esta forma optimizaremos correctamente los recursos del grupo, traspasando los excedentes de tesorería de las filiales que los tengan, a las otras que tengan necesidades financieras, reduciendo con ello el uso de las líneas de financiación bancaria del grupo y los costes financieros.

Obviamente para poder hacer esto, debemos tener los presupuestos de tesorería de cada sociedad del grupo cuanto antes, si no los hacemos nosotros nos los deberán enviar los administrativos de cada empresa, con unas fechas límite de recepción para poder organizar todos los flujos entre compañías.

La herramienta informática que usemos (hubiera podido decir E.R.P. *Enterprise Resource Planning*, "sistema de planificación de recursos empresariales", pero el uso de anglicismos me parece un esnobismo usado de forma grandilocuente y absolutamente innecesaria para magnificar temas sencillos) siempre tiene un módulo de tesorería, que genera un presupuesto o panel de mando, que es idóneo, ya que toda la información de la compañía está en nuestra herramienta informática y el presupuesto se emite de forma automática sin necesidad de realizar ajustes manuales, pero hay que contemplar que contenga todas las partes de un buen presupuesto de tesorería, y si no es así, hacerlo de otra forma. Un presupuesto de tesorería se compone de tres partes fundamentales:

3.1 LIQUIDEZ INMEDIATA DISPONIBLE

La componen a su vez la suma de cuatro partes:

3.1.1 Saldo disponible en cuentas corrientes

No es el saldo actual en la cuenta corriente, si no el disponible real de la misma, sumando al saldo actual los cobros del día pendientes de ingreso y restando los pagos realizados pendientes de ser cargados.

Saldo comienzo día en cuenta=	+850.000
Cheques que ingresamos hoy + Transferencias recibidas hoy =	+150.000
Recibos + confirmings + pagarés + pagos domiciliados + cheques emitidos + transferencias pendientes cargo =	-875.000
Total disponible en cuenta	**+125.000**

3.1.2 Importe disponible Ctas. Cdto.

Importe dispuesto en ctas cdto	-4.850.000
Límite total cuentas crédito	+6.000.000
Total disponible ctas cdto	**+1.050.000**

3.1.3 Documentos para descontar/anticipar

A. Importe total de facturas, pagarés, recibos y cualquier otro documento que podamos descontar /anticipar en los bancos con los que trabajemos.

Hay que tener en cuenta, que para ello deberemos tener líneas de descuento/anticipo de este tipo de documentos, y que dichas líneas tienen unos límites, así que solo podremos usar los límites disponibles.

Es decir, si tenemos 13 MM eur. en facturas y pagarés para descontar/anticipar, pero solo líneas disponibles para ello por 1,5 MM eur, solo podremos disponer de ese importe. O viceversa, si tenemos facturas y pagarés para descontar por 1,5 MM eur. y líneas disponibles por 13 MM eur., solo podremos disponer de la primera cifra.

B. Importe de los confirmings que hayamos recibido de los bancos de nuestros clientes, por nuestras facturas emitidas y que nos indican la fecha de vencimiento en la que nos las pagarán y ofrecen la posibilidad de cobrarlas por anticipado pagando un tipo de interés y comisión al banco.

No hay límite alguno, ya que el riesgo es del cliente y de su banco que nos emite el confirming. Normalmente es un producto más caro que nuestras líneas de financiación, aunque si tenemos mucho volumen, se puede llamar al banco emisor del confirming e intentar rebajar el precio.

Es una operación que se suele realizar a fin de año, para reducir el saldo de clientes, aumentar tesorería y tener un mejor balance el 31 diciembre que es cuando se emiten las cuentas anuales e informe de auditoría. Aunque conviene recordar que podemos usarlo durante todo el ejercicio en caso de que lo necesitemos, si por ejemplo, pudiéramos tener confirming por facturas nuestras por importe de 1,750 MM eur.

3.1.4   Disponible líneas de financiación impuesto/proveedor

Estos productos funcionan como cuentas de crédito, pero para pago exclusivo de impuestos: IVA e IRPF, algunos bancos admiten también seguros sociales y también hay para pagos a proveedores.

No es un producto que nos de liquidez inmediata en cuenta corriente, pero sirve para hacer frente a este tipo de pagos tan importantes, y hay que tenerlo en cuenta en el presupuesto mensual.

Imaginemos que tenemos 0,750 MM eur. disponibles

Resumen liquidez inmediata disponible actual:

Total disponible en cuenta	+125.000
Total disponible en ctas cdto	+1.050.000
Facturas y pagares para descontar	+1.500.000
Total liquidez disponible	**+2.675.000**

Confirming facturas nuestras (normalmente solo se usa a fin de año, salvo que la situación lo requiera) +1.750.000

Además de esto, tenemos crédito disponible para hacer frente a pagos de proveedores e impuestos por importe de +750.000

Es absolutamente imprescindible conocer este dato en cada momento, si no, no estamos haciendo bien nuestro trabajo.

3.2 PAGOS PREVISTOS

Independientemente del país, los pagos a realizar siempre se componen de cuatro bloques.

3.2.1 Proveedores

Lo habitual es tener dos días de pago mensuales para pagarles: 5 y 20 o 10 y 25. Aunque hay compañías que solo tienen un día de pago al mes (suele ser el 15) y otras que realizan pagos el mismo día de todas las semanas: normalmente miércoles o jueves.

En dos de las compañías españolas en las que trabajo y en las cuatro filiales europeas se paga los días 5 y 20.

En las otras tres compañías españolas y dos filiales americanas y la filial africana se paga los días 10 y 25. Prefiero mantener esta diferencia porque me facilita el trabajo, al estar mejor distribuido.

Las últimas dos filiales americanas pagan quincenalmente, los días 15 y 30 coincidiendo con las nóminas.

Las formas de pago son tres principalmente:

A. Domiciliaciones bancarias: exclusivamente a proveedores de servicios esenciales que no permiten otra opción: electricidad, agua, comunicaciones, renting, tarjetas de crédito y algunos alquileres. Pero hay que intentar evitarla porque perdemos el control del pago y nos pueden cargar en cuenta importes sin tener aun la factura, lo que nos obliga al esfuerzo de controlar las cuentas bancarias con domiciliaciones constantemente. Habrá que trabajar con previsiones para tener saldo suficiente en cuenta con el que pagar estos cargos seguros que recibiremos antes de la factura.

B. Transferencias: es el más cómodo y seguro, en una sola operación, podemos pagar cientos de facturas a docenas de proveedores, con un solo apunte bancario que simplifica la contabilización de este. Estos pagos se pueden financiar como ya expliqué en el punto 3.1.4.

Y la ventaja que tiene es que solo realizamos la transferencia cuando tenemos la factura del proveedor contabilizada y aprobada en nuestro sistema. Y siempre se puede retener dicho pago si existe algún problema con el proveedor, manteniendo nosotros en todo momento el control del flujo financiero.

Hay qué ser extremadamente precavido con los números de cuenta de los proveedores donde transferimos los fondos. Hemos tenido varios casos de hackeo de cuentas de correo electrónico, suplantando a proveedores y dándonos números de cuenta falsos donde realizar pagos. Por suerte solo realizamos uno de pequeño importe, pero lo mejor es exigir siempre un certificado bancario de la cuenta donde nos indica el proveedor que le paguemos.

Y comprobar con el banco que el certificado es verdadero y que la cuenta bancaria que en él aparece pertenece realmente a la empresa proveedora.

Si no conseguimos que el banco nos confirme la veracidad de dicho certificado, llamemos por teléfono al proveedor, para confirmar que son ellos realmente los que nos han enviado el correo electrónico con el número de cuenta y no un hacker que les ha suplantado y suministrado una cuenta bancaria falsa. Este punto es muy importante y lo retomaré de nuevo en el punto 7.2 Ciberseguridad.

C. Confirming: una vez aprobada la factura por el departamento de compras, se envía una orden al banco para que pague al proveedor dicha factura al vencimiento convenido, 90 días por ejemplo. Normalmente los envíos de remesas de confirming al banco suelen coincidir con los días de pago.

El banco envía al proveedor la comunicación de que, al vencimiento indicado, recibirá la transferencia como pago, ofreciéndole la oportunidad de disponer del dinero antes, ejecutando el confirming, normalmente por banca electrónica si el proveedor trabaja con el mismo banco que le envía el confirming o devolviendo un documento firmado al banco emisor por correo electrónico. Por ello, lógicamente el banco le cobra una comisión y unos intereses, intereses de los cuales nosotros recibiremos un importe si así lo hemos negociado con el banco. Entre el 20% y 50% del diferencial sobre el euríbor. Veámoslo con un ejemplo:

Fecha ftra	Proveedor	Importe	Vencimiento	Banco
30-01-22	Taller Z	10.524,15	5-05-2022	BBVA

Tras recibir y contabilizar la ftra aprobada, nosotros enviamos un confirming a través del BBVA, el 10-02-22 que es nuestro día de pago,. El proveedor recibe el confirming el 12-02-22 y decide ejecutarlo. BBVA le ingresa el importe en su cuenta que haya indicado descontándole estos importes:

- ► Comisión de 0,15% = 15,79 eur.

- ► Intereses del euríbor +2,5%, por los 83 días que adelanta el vencimiento, del 5-05 al 12-02. euríbor trimestral es 0,15%.

- ► 10.524,15*83/360*0,0265 = 64,30 eur.

- ► Total descuento = 80,09 eur.

- ► Taller Z recibe el 13-02 un ingreso por el importe de su factura: 10.524,15 – 80,09 = 10.444,06 eur.

A nosotros al vencimiento: 5-05-2020 se nos cargará en cuenta el importe de la factura, 10.524,15 y normalmente al día siguiente se nos abonará el importe de la bonificación: 40% de los intereses sobre el euríbor:

10.524,15*83/360*,025 = 60,66 eur. * 0.4 = 24,26 eur.

Puede parecer un importe pequeño, pero la suma de muchas facturas, puede ser un importe relevante, sobre todo por una gestión que a nosotros no nos implica ningún esfuerzo.

Hay que tener en cuenta que para poder enviar un confirming hay que tener una línea bancaria para ello, y que estas líneas tienen un límite y consumen riesgo crediticio, ya que la deuda por la factura es nuestra con el proveedor hasta el momento del pago, pero si el proveedor ejecuta el confirming, la deuda pasa a ser nuestra con el banco, ya que el banco ha pagado al proveedor antes del vencimiento y es a él a quien le debemos el dinero ahora. Por eso la línea de confirming tiene tratamiento de línea crediticia, lo que no sucede con los pagos domiciliados, donde nosotros enviamos un pagaré al proveedor a través del banco, y este lo ingresará a vencimiento y se nos cargará en cuenta, pero en este caso el banco actúa como mero instrumento de pago, sin intervenir el crédito para nada.

Volvamos al presupuesto de tesorería. Tras revisar las cifras, los pagos a proveedores a realizar este mes, por los tres conceptos mencionados: domiciliaciones, transferencias y confirmings ascienden a 4.125.000 euros. El importe de los dos primeros que son los que implican salida de caja es de 3.125.000 euros.

3.2.2 Nóminas

Dependiendo del país, el pago de las nóminas puede ser semanal, quincenal o mensual. La previsión del importe a pagar será más o menos compleja en función de la tipología de empresa, pero en base a la experiencia y a fuerza de pedir datos e información al departamento de personal, se puede estimar la cifra con mayor precisión.

En nuestro caso, para las empresas nacionales las hay más sencillas y complejas. Dos sociedades nacionales, tienen 50 trabajadores entre ambas y no oscila mucho su personal, ya que en las obras que realizan la mayor parte se subcontrata, así que no suele haber gran variación entre el importe de una nómina de un mes y el siguiente.

En las otras dos empresas de montaje y mantenimiento industrial, la cifra de personal es más volátil y puede oscilar entre 800 y 1.100 personas, en función de las obras que se estén realizando, con la consiguiente variación del importe.

En estas empresas se paga el último día de mes la nómina del personal de oficina que siempre cobra el mismo importe, con escasas variaciones.

La nómina del personal en obra, que siempre varía, primero por la cifra de trabajadores en alta en función de las obras que se estén realizando y segundo por la tipología de obra, que conlleva dietas y pluses diferentes en cada caso, se paga el día 3 del mes siguiente, que es lo que permite el convenio para su cálculo. Unos días antes, pido la cifra de personal en alta que va a cobrar dicha nomina, más el listado de obras activas y en función de ello estimo el importe. Siempre hay diferencias lógicamente, pero asumibles.

La cifra estimada de nóminas a pagar este mes asciende a 1.750.000 euros.

3.2.3 Impuestos

Varían en cada país, pero en el fondo el concepto es el mismo, en España se llama IVA y en Perú IGV, pero no deja de ser un impuesto sobre el importe neto facturado.

Usemos el modelo español, que es variado en impuestos y haciendas (5): Agencia Tributaria (estatal), Diputación Foral de Vizcaya, de Guipúzcoa, de Álava y de Navarra. El grupo donde trabajo es un ejemplo muy completo, al tener tres sociedades que son grandes empresas y pagan mensualmente IVA e IRPF en cuatro de las cinco haciendas. Hay otras dos sociedades que no son gran empresa y pagan trimestralmente los impuestos antes mencionados.

Los días de pago son:

Día 20	IVA/IRPF	AEAT Agencia Tributaria.
Día 25	IVA/IRPF	Diputación Foral Bizkaia.
		Diputación Foral Álava.
		Diputación Foral Guipúzcoa.

Como punto a tener en cuenta en las peculiaridades de las cuatro haciendas hay que destacar que el pago del día 20 a la Agencia Tributaria se realiza desde la página electrónica de dicha entidad que enlaza directamente mediante pasarela de pagos con el banco a través del que se realice el pago, produciéndose el cargo en cuenta en el mismo instante que se tramita el impuesto en la página electrónica. Por lo que es requisito, imprescindible para el pago, tener el importe disponible en cuenta antes de empezar a tramitarlo, porque si no, simplemente no se podrá realizar.

En las Diputaciones vascas, sin embargo, no es necesario tener los fondos disponibles en la cuenta corriente el mismo día de pago, se tramita el impuesto en la página electrónica de cada hacienda y el cargo en cuenta no es inmediato, tarda dos o tres días en producirse, aunque por prudencia conviene tener los fondos disponibles en cuenta desde el mismo día 25.

La cifra estimada de IVA e IRPF a pagar este mes asciende a 850.000 euros.

3.2.4 Seguros sociales

Los seguros sociales son igual que los impuestos un pago a realizar por las empresas y sus filiales, dependiendo del país variara alguna partida y el día de pago, pero el concepto es el mismo, pagos para dar cobertura social y sanitaria a los trabajadores.

En algunos países se paga a instituciones públicas y en otros a instituciones privadas para garantizar las coberturas mencionadas a los trabajadores. Como en el punto anterior, sigamos el caso español.

Las empresas normalmente están conectadas "en línea" con el sistema RED a la seguridad social, y a través de él tramitan las altas y bajas de los trabajadores al instante. A través del propio sistema RED, se emiten los recibos de los seguros sociales para proceder a su pago, por lo que no hay posibilidad de error, ya que es la propia tesorería general de la seguridad social la que los calcula. Estos recibos se envían por correo electrónico al banco para que los cargue en cuenta.

El último día de pago es el último día hábil del mes.

La cifra de seguros sociales a pagar este mes asciende a 815.000 euros.

Resumen de pagos totales a realizar en abril:

Pagos a proveedores	-3.125.000
Pago nóminas	-1.750.000
Pago impuestos	-850.000
Pago seguros sociales	-815.000
Total pagos abril	**-6.540.000**

3.3 COBROS PREVISTOS

Los cobros se dividen en tres clases, dependiendo de la probabilidad que tenga cada uno de que recibamos los fondos:

3.3.1 Cobros ciertos

La probabilidad de recibir estos cobros la estimamos en un 100%. Obviamente lo único en la vida que tiene un % tan elevado de cumplirse es que algún día todos moriremos, y que hasta entonces pagaremos impuestos.

Sin embargo, y en base a la experiencia podemos incluir en este apartado los pagarés que tengamos de clientes con vencimiento el mes en curso y que a priori no serán devueltos, salvo que sepamos que ese cliente tenga problemas financieros que le obliguen a devolver dichos pagarés que nos haya enviado, sin atender a su pago.

También debemos incluir aquí los confirmings que tengamos de clientes con vencimiento el mes en curso y cuyo ingreso normalmente se recibe sin problemas.

Lógicamente, tanto los pagarés como los confirmings que incluimos en este punto, no los podemos incluir en el punto 3.1.3 Documentos para descontar/anticipar, aunque estén disponibles para ello, porque estaríamos duplicando su importe en el presupuesto. O están en un sitio o en otro.

La cifra de cobros ciertos, compuesta por pagares y confirmings con vencimiento el mes en curso, asciende a 1.500.000 euros.

3.3.2 Cobros probables

Aquí incluiremos aquellos cobros que por costumbre, confirmación telefónica o por correo electrónico solemos recibir, y les aplicaremos un % del 75%.

Es decir, si un cliente viene recibiendo sin problema alguno las facturas que les enviamos durante los últimos años y pagándolas puntualmente sin ninguna incidencia, lo más normal es que este mes suceda lo mismo y no merece la pena que dediquemos tiempo a llamarle, a no ser que hablemos de una cantidad relevante. ¿Qué importe es una cantidad "relevante" ?, aquel que condicione el resultado positivo o negativo del presupuesto de tesorería.

Por otro lado, también incluiremos al cliente nuevo, al que hemos llamado y que nos ha confirmado el pago por transferencia. O qué desde obra, o el comercial que lo visita, nos comunica que le han dicho que nos va a realizar la transferencia en la fecha de vencimiento prevista.

Por prudencia aplicaremos un 75% al importe total de este tipo de cobros.

La cifra de cobros probables total es de 1.350.000 euros, compuesta por facturas de clientes con vencimiento el mes en curso con los que no suele haber problemas o que nos han confirmado el pago. El 75% de esa cifra es 1.012.500 y esa será la cifra que incluiremos en el presupuesto de tesorería del mes.

3.3.3 Cobros dudosos

Los cobros dudosos los formaran obviamente todos aquellos que no sean ni ciertos, ni probables de recibir.

Todas aquellas facturas, cuyo vencimiento sea el mes al que corresponda el presupuesto o estén ya vencidas y de las que no tengamos ni pagarés, ni confirmings, y que tampoco hallamos llamado para comprobar que nos iban a pagar, ni sean clientes habituales durante años, que nos pagan fielmente sin ningún problema.

Y a la cifra que resulte le aplicaremos el % del 25%.

Si la cifra de cobros dudosos total es de 3.250.000 euros, la cifra que colocaremos en el presupuesto es el 25% de la misma: 812.500 euros

Resumen de cobros totales a recibir en abril:

Cobros ciertos	+1.500.000
Cobros probables	+1.012.500
Cobros dudosos	+812.500
Total cobros abril	**+3.325.000**

3.4 RESULTADO, DECISIÓN Y ACTUACIÓN

Unamos la información de los tres apartados y veamos el resultado del presupuesto de ABRIL:

Total liquidez disponible	+2.675.000
Total pagos abril	-6.540.000
Total cobros abril	+3.325.000
Resultado presupuesto abril	**-540.000**

Tenemos un problema, ya que el presupuesto nos indica que no vamos a tener fondos suficientes para hacer frente a los pagos previstos.

Lo principal es no ponernos nerviosos, porque con ello no arreglaremos nada, debemos conservar la calma. Lo segundo es tomar medidas para resolver este problema. Dependiendo de qué medidas decidamos tomar y como veamos la situación una vez planificadas, decidiremos si compartimos la situación o no con el director financiero y con el consejero delegado.

También es muy importante conocer esta situación cuanto antes, para tener tiempo suficiente para reaccionar, decidir qué medidas tomar y luego ponerlas en práctica. Por eso, debemos realizar siempre el presupuesto mensual de tesorería rápidamente, incluso aunque las cifras sean estimadas en su mayoría.

Decidir las medidas que tomaremos y ponerlas en práctica lleva su tiempo y en ocasiones un día de retraso en ponerlas en marcha es la diferencia entre su éxito o su fracaso.

Como cuando en la película "Un domingo cualquiera" dirigida por Oliver Stone en 1999, Al Pacino, como entrenador de los Sharks, equipo de fútbol americano, da un discurso motivacional a sus jugadores antes de un importante partido, y les dice: "En la vida, como en el deporte, muchas veces un segundo antes o un segundo después es la diferencia entre ganar o perder". En este caso es lo mismo, hacer el presupuesto un día antes o un día después, una hora antes o una hora después, es la diferencia entre detectar el problema, actuar, resolverlo y poder hacer frente a los pagos, o no llegar a tiempo y tener una ruptura de tesorería con lo que ello supone.

Obviamente las medidas a tomar deben aumentar las posiciones positivas (liquidez disponible y cobros) y/o reducir las negativas del presupuesto (pagos). Difícil, pero no imposible, podemos hacer muchas cosas, pero solo si estamos serenos y calmados:

1. Podemos utilizar el crédito 3.1.4. Disponible lineas de financiación impuesto/proveedor, página 34. El importe es de 0,750 MM eur, y los impuestos y proveedores a pagar suman 4.790 MM eur. Por lo que utilizando esos 0,750 MM eur. solucionamos el resultado negativo de 0,540 MM eur. del presupuesto mensual y tendríamos un positivo de 0,210 MM.

   Sin embargo, es un positivo pequeño, debemos buscar más soluciones, además el coste de esta operación es elevado porque los precios de estas líneas suelen ser mayores que las de anticipo de facturas y cuentas de crédito. Veamos más medidas.

2. Usemos el punto B) del apartado 3.1.3. Documentos para descontar / anticipar

   B) Confirmings que hayamos recibido de los bancos de nuestros clientes, por nuestras facturas emitidas, página 33. Importe que asciende a 1,750 MM eur, con este importe solucionamos el resultado negativo de 0,540 MM eur. del presupuesto mensual y tendríamos un positivo de 1,210 MM.

   Este resultado positivo sí que es elevado y nos daría tranquilidad para afrontar la tesorería del siguiente mes de mayo. Pero también con un coste elevado, este producto tiene habitualmente una comisión fija del 0,10%-0,25% y un tipo de interés más elevado que nuestras líneas ordinarias de financiación: un 2,5%-3,5%, frente a nuestro 1,5% de media.

Por lo tanto, solucionamos la tesorería a costa de aumentar gasto financiero, tengamos en cuenta esta opción, pero valoremos todas para tomar la decisión correcta. Con estas dos primeras medidas podemos aumentar la liquidez disponible y salvar la situación. Pero hay más medidas que podemos tomar.

3. Intentemos reducir los pagos. Son cuatro los tipos de pagos que tenemos que afrontar: proveedores, nóminas, impuestos (IVA e IRPF) y seguros sociales.

   Obviamente debemos pagar las nóminas, es el pago más importante de todos los que realizamos y no se pueden reducir, ni aplazar.

   Los impuestos y seguros sociales se pueden aplazar, pero con un doble coste, muy elevado. Por un lado, están los intereses que cobra hacienda y la seguridad social por ello, que no son baratos. Y por otro, está el coste de que con estos aplazamientos podamos no tener disponible el certificado de no tener deudas con estas instituciones. Este tipo de certificados lo suelen exigir clientes para poder trabajar con ellos, así que intentemos evitar esta opción.

   Lo que si podemos revisar son los pagos que debemos realizar a proveedores, ¿realmente son todos ellos necesarios e imprescindibles? ¿De dónde sale la cifra de transferencias a realizar? ¿Todas las facturas que vamos a pagar han sido reclamadas por los proveedores o simplemente están aprobadas internamente?, si la cifra a pagar corresponde a la segunda alternativa, podemos elegir pagar solo las facturas reclamadas por proveedores, reduciendo el importe a pagar y mejorando el resultado de la tesorería en el presupuesto mensual.

   No dan medallas por ser buenos pagadores. Las empresas del IBEX-35 pagan las facturas a una media de 169 días, el triple del plazo legal permitido, lo cual les permite una considerable reducción de sus costes financieros y una mejora de su resultado, que debe ser el objetivo de todo buen tesorero.

4. Aun podemos tomar una acción más para mejorar el resultado del presupuesto de tesorería: aumentar la cifra de cobros prevista.

   Puede parecer imposible, pero no lo es. Recordemos que la cifra de cobros prevista se compone de tres partes: 100% de los cobros ciertos, 75% de los cobros probables y 25% de los cobros dudosos.

Obviamente, lo ideal es que todos los cobros pendientes fuesen ciertos, pero eso es prácticamente imposible. Pero si podemos intentar pasar cobros probables a cobros ciertos y cobros dudosos a cobros probables, ¿y cómo hacerlo?

Para pasar cobros probables a cobros ciertos podemos llamar a los clientes y pedirles un documento de cobro de las facturas pendientes de cobro: un confirming que podamos ejecutar o un pagaré que podamos descontar. Con ello el cobro probable se convertirá en cierto y en caso de que el vencimiento sea lejano, podemos ejecutar el confirming y/o descontar el pagaré obteniendo más liquidez y mejorando el resultado del presupuesto de tesorería.

Y para pasar de cobros dudosos a cobros probables e incluso porque no, a cobros ciertos, lo único que hay que hacer es coger el teléfono y comenzar a llamar a esos clientes a los que nunca has llamado para confirmar que nos van a pagar y si es posible obtener un documento de cobro. O indicarle a la persona de nuestra organización que tenga contacto con ese cliente (el comercial que trata con el cliente o el responsable de la obra de ese cliente) que realice la gestión.

Hay personas que tienen problemas en realizar este tipo de llamadas. Pero, es mucho más incómodo no tener liquidez para pagar la nómina que llamar por teléfono a un cliente para pedirle el pago de una factura que nos debe. Ya hablaremos con mayor detalle en el apartado 5 Clientes de este importante asunto de las facturas pendientes de cobro, como gestionar la reclamación de estas y el trato con los clientes.

Es decir, si nuestro presupuesto mensual de tesorería refleja un resultado negativo hay 4 acciones que podemos realizar:

1. Utilizar crédito 3.1.4. disponible líneas de financiación impuesto/proveedor.

2. Usar el punto b) del apartado 3.1.3. documentos para descontar / anticipar.

3. Intentemos reducir los pagos.

4. Aumentar la cifra de cobros prevista.

Utilicemos aquellos cuyo coste sea menor para la empresa.

RECUERDA:

▶ El presupuesto de tesorería y su seguimiento es lo más importante del trabajo del tesorero.

▶ Las partes del presupuesto son: liquidez disponible, pagos y cobros previstos.

▶ Debemos hacerlo cuanto antes, para saber si podemos hacer frente a pagos y en caso contrario actuar.

▶ En caso de que presupuesto sea negativo, hay que estar tranquilo, decidir actuaciones y ponerlas en marcha.

▶ Ya hemos visto cuales son: utilizar crédito, descontar documentos, reducir los pagos y aumentar los cobros.

4

BANCOS Y POLÍTICA FINANCIERA

Debemos tener claro que tipo de relación queremos tener con la banca y realizar todo aquello que sea necesario para conseguirla.

Hay que ser proactivo, e "ir un paso por delante" de la entidad financiera, porque si permanecemos estáticos, a la espera de sus movimientos, muy probablemente nos veremos perjudicados.

El banco no es nuestro enemigo, pero tampoco nuestro amigo, él se va a preocupar de su negocio, que no es el nuestro y de conseguir el mayor importe de ingresos financieros de nuestra relación, que para nosotros serán más gastos financieros.

Da igual que nuestro gestor sea familiar o amigo íntimo, él barrera para su casa, que no es la nuestra. No hay que confiar en nadie, para que no nos suceda como ocurre con las hipotecas, en las que todo el mundo tiene la mejor. Porque en el banco con el que la ha firmado trabaja su cuñado, su vecino o su prima y le ha ayudado en las condiciones. Una persona me llegó a decir que su hipoteca era la mejor del mercado. Al preguntarle por las condiciones, me dijo que no las sabía, pero que su vecino bancario le dijo que eran las mejores y ella firmó el préstamo.

A nivel empresa sucede lo mismo, el banco con el que negociemos siempre va a decir que es el mejor y con las mejores condiciones, pero nuestro trabajo es comprobarlo. Porqué, aunque el gestor con el que firmemos la operación sea amigo, familiar o vecino, normalmente recibe una comisión por cada operación que firma, incluida la nuestra, y cuanto mayor sea el beneficio para el banco, mayor es su comisión. No lo olvidemos.

Y tengamos también en cuenta que son grandes corporaciones, con beneficios de miles de millones de euros, y con enormes recursos y programas de formación comercial para sus gestores, diseñados e impartidos por los mejores comunicadores y psicólogos, para que negocien con nosotros de forma ventajosa y donde les enseñan múltiples recursos para convencernos de que los productos que nos ofrecen son los mejores y que lo que nos venden es lo más adecuado, y muy necesario para nuestra empresa. En esos programas, aprenden infinidad de tretas psicológicas, con las que hacernos creer que debemos contratar los productos que ellos quieren, no los que nosotros necesitamos, que pueden ser otros diferentes.

¿Y qué podemos hacer para enfrentarnos como mínimo en igualdad de condiciones a semejantes monstruos?, pues lo dicho al comienzo de este capítulo: tener claro el tipo de relación que queremos con cada banco, ir un paso adelante y ser proactivos.

Y, sobre todo, y por encima de todo desconfiar de los halagos. ¿Qué se le dice a un caballo antes de montarle?: "bonito, precioso, buen caballo", e incluso a veces se le da un azucarillo. Pues con los bancos, y personas con las que nos relacionemos profesionalmente, ocurre igual, si nuestra empresa está dando buenos resultados, cuando comiencen a felicitarte y alaben tu trabajo, *peligro*, enciende todas tus alarmas. Buscan relajarte, que bajes la guardia y tengas una actitud más favorable hacia ellos, para luego pedirte u ofrecerte algo. Están muy preparados para engañarte con esas tretas. Y es muy difícil resistirse al halago, porque todos somos vanidosos.

Para ver que más cosas podemos hacer al enfrentarnos a los bancos debemos conocer, la definición de banco y que es exactamente para nosotros.

También debemos definir una política financiera o estaremos a merced de la banca, los clientes y los vaivenes del mercado.

Obviamente la empresa siempre va a depender financieramente de bancos y clientes, pero si tiene una buena política financiera, su dependencia será menor. Y nuestra obligación como tesoreros es poder tener la mayor autonomía financiera posible. Para ello es imprescindible diseñar una buena política financiera y ponerla en marcha.

Los tres ejes sobre los que se articula una política financiera son: bancos, deuda y gastos financieros. Veamos como definir una buena política para gestionarlos correctamente.

4.1 DEFINICIÓN DE BANCO

"Empresa dedicada a realizar operaciones financieras con el dinero procedente de sus accionistas y de los depósitos de clientes", esta es la definición de la RAE. Lo que realmente hace un banco es trabajar con nuestro dinero para su propio beneficio.

Pero ¿qué es un banco para nuestra empresa? pues un proveedor más. Cada compañía necesita de bienes y servicios para realizar su trabajo: luz, agua, transporte, materias primas, mano de obra, etc., y financiación: avales y otros productos.

Por lo tanto, el banco es un proveedor más, que suministra a nuestra empresa un producto de los que necesita para poder trabajar: financiación en este caso, cuanto antes tengamos claro este concepto mejor será.

Pudiera ser el propio departamento de compras el que negociara con los bancos, ya que no se trata más que de adquirir un producto (financiación) para el que tenemos diferentes proveedores (bancos) valorando precio y servicio. Pero lógicamente, son productos muy técnicos para los que es necesario formación específica para negociar su adquisición, y por ello, de las negociaciones bancarias se encarga el departamento financiero, normalmente el tesorero y el director financiero.

Pero no perdamos la perspectiva y no nos dejemos impresionar por las entidades financieras, son un simple proveedor y nuestra misión es negociar para conseguir adquirir los productos que necesitamos de ellos en las mejores condiciones posibles.

Y tengamos claro que todos los bancos son iguales para la mayoría de los productos que necesitamos. Es decir, para un préstamo, una cuenta de crédito o una línea de anticipo de facturas/descuento de pagarés da igual que la tengamos con un banco o con otro, nos van a prestar el dinero, cobrando intereses por ello, se lo devolveremos y punto.

En una ocasión, un gestor de uno de los cinco bancos más importantes de nuestro país, al comparar el préstamo que nos ofrecía, con otro más barato de otro banco de menor prestigio, me dijo: "no me compararás un préstamo nuestro con uno de ese otro banco". A lo que yo le rebatí: "¿acaso vuestro dinero vale más que el del otro banco?".

Aunque bien es cierto, que para productos como avales o confirming no es lo mismo un banco que otro.

Estos son los mayores 10 bancos de España, y nos conviene trabajar con la mayoría, o por lo menos con los cinco primeros. Si no lo hacemos, al resto le parecerá extraño.

	Banco	**Activos (millones de euros)**
1.	SANTANDER	608 375
2.	BBVA	399 940
3.	CAIXABANK	306 566
4.	BANKIA	206 354
5.	SABADELL	178 987
6.	BANKINTER	75 870
7.	UNICAJA	57 700
8.	ABANCA	50 974
9.	KUTXABANK	48 018
10.	IBERCAJA	46 159

Como ya he indicado, a la hora de entregar un aval a un cliente, no es lo mismo hacerlo de uno de los cinco primeros bancos que de uno de los cinco siguientes o de uno que ni siquiera esté entre los 10 primeros. He tenido casos de clientes, qué al pedir un aval, exigen que sea de un banco de primera línea. Incluso hubo uno que solo aceptaba avales de los dos primeros bancos de esta lista.

¿Qué hacer en ese caso, si las líneas de avales de esos dos bancos ya las tenemos totalmente dispuestas? Se puede negociar con otro banco que contravale dicho aval, es decir que el aval físico lo emita uno de los dos primeros bancos de la lista pero que otro con el que tengamos línea disponible lo contravale, es más caro porque nos cobrarán los dos bancos, pero es una solución.

Tampoco es lo mismo enviar un confirming a un proveedor de uno de los cinco primeros bancos que de otro. La imagen que damos es muy diferente y esto siempre es importante.

También hay que tener en cuenta que el resto de los bancos siempre se fija en las líneas que tengamos con los primeros bancos, especialmente con los dos primeros. Por lo que es requisito casi imprescindible trabajar con esos primeros bancos y tener la mayor posición posible con ellos, ya que ello contribuirá positivamente a la visión que el resto de los bancos tenga de nosotros.

No existe un % perfecto de distribución de nuestros límites de crédito entre los bancos con los que trabajamos, pero lo más lógico es que los bancos más importantes tengan más peso específico en nuestro grupo bancario que el resto, y que figuren por lo menos los cinco primeros: Santander, BBVA, Caixa Bank, Sabadell y Bankinter, sobre todo si tenemos un "pool" bancario amplio como es recomendable.

Resultaría "extraño" que trabajando con un número amplio de bancos no trabajásemos con estos cinco. Pero, una vez abiertas líneas con ellos, cómo las usemos será cosa nuestra y dependerá de la política financiera que hayamos definido.

Este es un ejemplo de distribución equilibrada de las líneas de circulante de una empresa entre los 19 bancos con los que trabaja:

BANCO	LÍNEAS CIRCULANTE
BANKIA	16,5%
SANTANDER	14,6%
BBVA	12,6%
LA CAIXA	7,3%
SABADELL	6,1%
CAJA RURAL NAVARRA	5,6%
LABORAL KUTXA	5,6%
IBERCAJA	5,1%
LIBERBANK	4,5%
BANKINTER	4,4%
DEUTSCHE BANK	4,1%
BANKOA	4,0%
ABANCA	2,0%
CAJA RURAL DE ZAMORA	1,9%
POPULAR	1,9%
KUTXABANK	1,5%
TARGO BANK	1,0%
ABANCA	0,6%
UNICAJA	0,6%
	100,0%

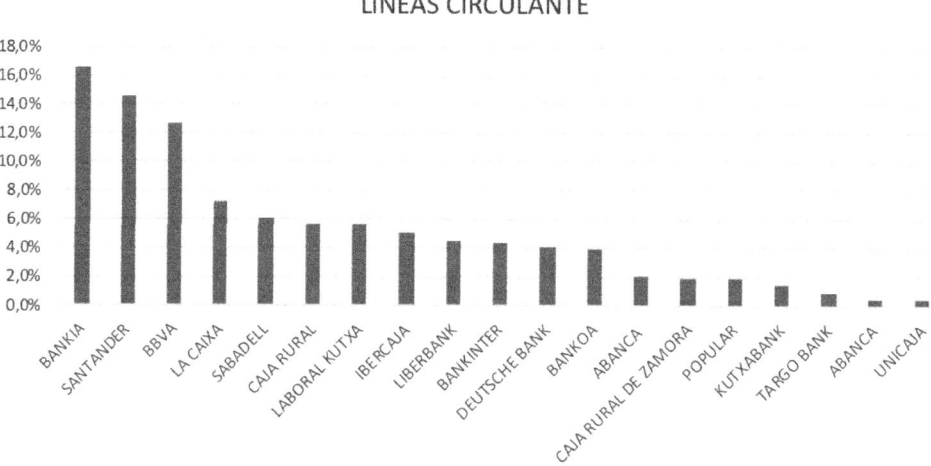

Lógicamente estos cinco primeros bancos, y sobre todo los dos primeros son perfectamente conocedores de que son bancos de referencia y sus precios suelen ser más elevados que el resto, y ahí es donde debemos trabajar y lograr rebajar esos precios de los bancos más importantes, aspecto no sencillo, pero nadie dijo que fuera fácil. Además, imposible no es, deberemos usar muy poco sus líneas de financiación, y cuando nos pidan que las usemos más, les diremos que no podemos porque son más caros que el resto, y les garantizaremos más uso con una bajada de precio.

Ellos siempre van a preferir tener ocupada la línea de financiación, aunque sea a menor precio, porque tener la línea de financiación ya les supone un coste de capital, al obligarles a tener unos fondos disponibles, a la espera de que los usemos. Y si no los usamos, no sacan rentabilidad a esos fondos.

Es como jugar a las siete y media, no te puedes quedar corto, pero tampoco debes pasarte.

4.2 ¿CUÁNTOS BANCOS NECESITAMOS?

Todos aquellos con los que podamos trabajar, cuantos más mejor, y voy a explicar la razón con un ejemplo real.

En 1999, el GRUPO donde trabajo era mucho más pequeño que el actual y no tenía filiales extranjeras. Facturábamos 15 MM eur. con un beneficio de 1,2 MM eur. aproximadamente. En abril, uno de nuestros principales clientes suspendió pagos, dejándonos una deuda de 1,2 MM eur, un 8% de nuestra facturación anual y casualmente el mismo importe que el beneficio anual. Un banco considera que una empresa está en problemas cuando los impagos de sus clientes ascienden al 15% de su facturación, en este caso, la cifra era casi la mitad.

En aquel entonces, trabajábamos con cinco bancos: BBVA, Banco Guipuzcoano, Santander, Banco de Vitoria y Banco Popular. Solo dos de estos bancos existen en la actualidad. Teníamos importantes contratos en ejecución y aunque el impago de un cliente tan importante constituía un grave revés, la situación en líneas generales era buena y podíamos superarla, con el apoyo de la banca claro está.

La noticia se publicó en prensa, y aparecimos como los segundos deudores del cliente en suspensión de pagos, el primero era un banco. Éramos el proveedor con mayor deuda pendiente en el listado de empresas afectadas.

A partir de ahí, todo cambió. Como ya he explicado con anterioridad, el mundo de la empresa es cruel y despiadado, y donde más claramente se demuestra es en este tipo de situaciones. En las empresas con problemas: nadie vendrá a ayudarlas, nadie las socorrerá, y los antiguos proveedores, clientes y bancos anticiparán su cierre, incluso antes de que este se produzca y comenzarán a buscar sustituto al cadáver ambulante, y a repartirse las pertenencias del difunto: contratos, activos y trabajadores, y así sucedió. Aunque por suerte el cadáver certificado no llego a la morgue.

De los cinco bancos con los que teníamos líneas de financiación operativas, tres nos abandonaron de la noche a la mañana, bloqueando todos los créditos que teníamos en vigor con ellos. Normalmente nadie lee las pólizas firmadas con los bancos, son largas y tediosas, pero en todas ellas figura una cláusula en la que el banco puede dar por cancelada la financiación firmada en la póliza en el momento que él considere que la empresa no puede cumplir con sus obligaciones de pago. Esta consideración es algo totalmente subjetivo y que deja a la libre elección del banco el suspender la financiación firmada, cuando le plazca.

Y eso fue exactamente lo que sucedió con los tres bancos que nos abandonaron a nuestra suerte, de los que prefiero no decir sus nombres, porque uno de ellos aún permanece en activo. Y lo más importante, si estando en esta situación, el banco te asegura que va a apoyarte por encima de todo y que estés tranquilo, porque puedes contar con él, entonces no tengas ninguna duda que te abandonará.

Lo que vino después no se lo deseo a nadie: aplazamos todos los pagos posibles: seguros sociales e impuestos incluidos, con sus correspondientes intereses, mientras los proveedores hacían cola en la entrada de nuestras oficinas, reclamando el cobro de sus facturas.

Lo más lamentable de todo es que, como ya he indicado, teníamos trabajo, facturas para anticipar y un prometedor futuro, pero no teníamos bancos suficientes, ni las líneas de financiación necesarias para continuar nuestra actividad de un modo "normal". Fuimos realizando los pagos como pudimos, con las exiguas líneas de financiación que nos habían quedado. Semanalmente proponía a los dos bancos que continuaban con nosotros operaciones especiales para conseguir más liquidez y llamaba a los bancos que se habían ido para tantear su regreso o por lo menos recordarles que seguíamos "vivos". Incluso inventamos nuevas formas de financiación, con cesiones completas de contratos al banco, todo lo inimaginable, con tal de continuar trabajando.

Así pasamos tres años. En la cabecera de mi mesa, siempre estaba un enorme taco con los aplazamientos de impuestos y seguros sociales, pensé que nunca me libraría de él. Hasta qué a base de aguantar, conseguimos superar los bulos de la competencia que aseguraba nuestro cierre para hacerse con nuestros contratos, y los bancos que se fueron, volvieron con una sonrisa más falsa que la de Judas. Pero estuvimos muy cerca del cierre, y todo por falta de financiación. O lo que es lo mismo, por trabajar con un número de bancos menor del necesario para evitar situaciones como esta y no sufrir una ruptura de tesorería por falta de financiación como la que padecimos en esta ocasión.

Reclamamos judicialmente la cantidad que nos debía nuestro cliente, al propietario final, dueño de la planta donde realizamos nuestros trabajos. Casualmente, uno de los bancos que nos abandonó, también reclamó dicha cantidad, por ser acreedor de la empresa quebrada, y el reclamado final depositó el importe en el juzgado para que la justicia decidiera a quien correspondían esos fondos.

En 2009, diez años después de la suspensión de pagos, el juzgado falló a nuestro favor y nos reembolsó la cantidad adeudada, más intereses y las costas derivadas del juicio. Como ya expliqué en el primer apartado de este libro, hay que tener paciencia: es la madre de todas las ciencias, perspectiva y visión a largo plazo.

Por eso, lo mismo que en la gestión empresarial se recomienda la diversificación en sectores, productos, mercados, países y clientes. También debemos tener lo más diversificado posible el apartado financiero, y trabajar con todos aquellos bancos que quieran hacerlo con nosotros, porque si en vez de con cinco bancos hubiéramos trabajado con diez, probablemente se hubieran quedado con nosotros cuatro en vez de solo dos y así hubiéramos estado más lejos del cierre y no hubiera sufrido seis caries en un año por el estrés que tuve que soportar, ni pasar tantas noches en vela. Y si hubieran sido quince bancos con los que trabajásemos, hubiera sido aún más fácil, ya que probablemente hubieran continuado con nosotros seis.

Además, el trabajar con muchos bancos, aunque sean más de los necesarios, ofrece dos ventajas adicionales:

1. Si tienes un fuerte crecimiento, se puede financiar mejor con bancos con los que llevas un tiempo trabajando y ya te conocen, ampliando las líneas ya existentes con ellos, que abriendo cuentas con otros nuevos.

2. La gestión de los gastos financieros siempre es mucho más eficiente trabajando con un número amplio de bancos, como explicaré más en detalle en el apartado 4.3 Gastos financieros.

Y, por último, hay que tener en cuenta las desapariciones de bancos que se están produciendo los últimos años, debido a las fusiones que se están realizando en el sector.

Si nuestra empresa trabaja con dos bancos que se unen, tendrá probablemente una reducción de líneas de financiación.

El proceso de desaparición de bancos con los que trabajamos debido a las fusiones/absorciones es muy amplio:

- Trabajábamos con Central Hispanoamericano, Banco de Vitoria, Banesto, Banco Popular, Banco Pastor y Vasconia, todos integrados actualmente en el Santander.

- Con Caixa Catalunya y Banco del Comercio, integrados en BBVA.

- Con Caja Madrid y Bancaja, integradas en Bankia, y esta a su vez en Caixa. Con Caja Navarra, integrada en Caixa también.

- Con Banco Guipuzcoano, Banco Urquijo y Banco Herrero, integrados en Sabadell.

- Con Caja Duero y Caja España, integradas en Unicaja.

- Con CAI, integrada en Ibercaja.

- Con Caixa Galicia, Caixa Nova y Caixa Geral, integradas en Abanca.

Y en cada una de esas uniones hemos perdido líneas de financiación. Es difícil que el banco resultante mantenga todas las líneas existentes en los bancos que desaparecen.

En estos casos, uno más uno no es dos. Si teníamos 5 MM eur. con un banco de los que se une y 3 MM eur. con otro, es realmente complicado que tengamos líneas por 8 MM eur. con el banco resultante de la unión de ambos.

Esta es una razón más de peso, por la que debemos trabajar con todos los bancos con los que podamos, porque la tendencia a la desaparición de muchos de ellos, a través de fusiones y/o absorciones es imparable.

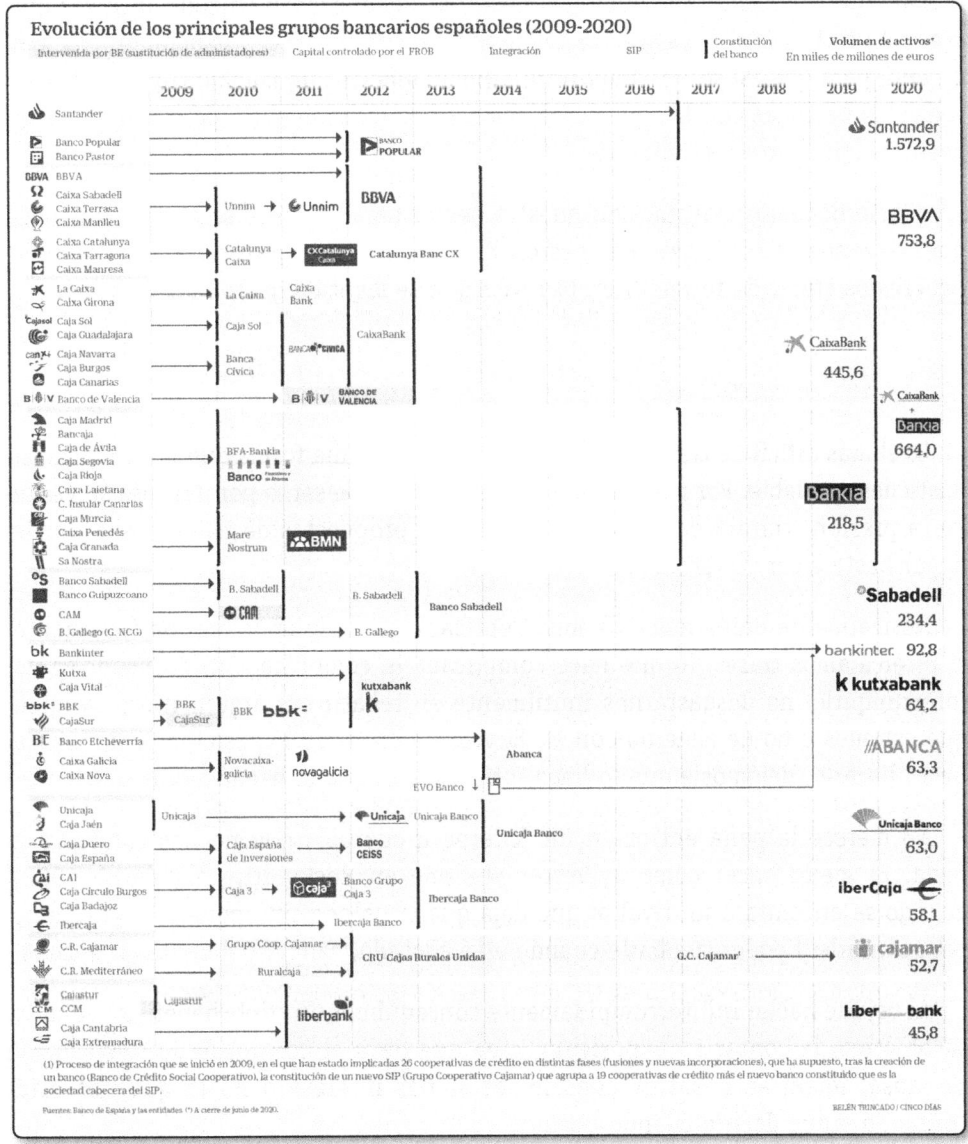

Evolución de los principales grupos bancarios españoles (2009-2020)

4.3 RELACIÓN CON EL GESTOR

La relación con nuestro gestor ha de ser buena, porque es nuestro primer canal de comunicación con el banco y de él dependerá mucho como sea nuestra relación con cada entidad financiera.

Para que la relación sea buena, el gestor se deberá sentir cómodo cada vez que contacte con nosotros, ya sea por teléfono o personalmente, y deberemos trabajar en ello, para que así sea. Es importante que realicemos un trabajo psicológico con todas las personas con las que trabajamos y nos relacionamos, pero con nuestros gestores bancario especialmente.

¿Cómo debemos trabajar con nuestro gestor para que este se sienta cómodo?, pues depende de cómo sea cada gestor. Hay tres tipos de gestores y a cada uno le deberemos tratar de forma diferente para que se sienta a gusto:

4.3.1 Gestor agresivo

Es el más difícil de tratar, porque se comporta de una forma que puede resultar hasta desagradable. Por nervios, porque es su forma de ser, o porque basa su venta en la presión, tratará de convencernos de sus propuestas de manera que puede llegar hasta a ser violenta.

Normalmente habla mucho y muy deprisa, interrumpiéndonos continuamente si intercalamos frases, lo que hace complicada la comunicación. Lo mejor es no interrumpirle, no desgastarnos inútilmente en rebatir sus argumentos, da igual que estemos o no de acuerdo con él. Él viene a soltar su exposición, y no parará hasta hacerlo, dejémosle que lo haga, otra cosa es que le hagamos caso.

No merece la pena entrar en un "cuerpo a cuerpo", que no nos conduzca a nada. Es mejor hacer como Sylvester Stallone en Rocky III, película de 1982, cuando se enfrenta a un rival al que deja que le golpee sin oponerle resistencia, para cansarle y poder tumbarle cuando esté agotado, como finalmente así sucede.

Al dejarle hablar ininterrumpidamente conseguimos un triple beneficio: cumple su objetivo de contar su exposición, cree que lleva el control de la situación y se cansa, mientras nosotros pensaremos si nos interesa o no lo que nos está contando y que decirle cuando termine.

Es normal pensar que si en una conversación alguien está continuamente hablando es el que lleva el control de esta, pero realmente no es así y es lo que debemos tener claro.

Para quitárnoslo de encima cuando nos presione con respuestas a sus demandas, le podemos decir que estudiaremos su propuesta cuidadosamente y le responderemos lo antes posible. Posteriormente le podemos enviar un correo electrónico con lo que nos interese hacer y punto.

Si coincide con lo que nos propuso, "adornémoslo", diciendo que nos ha costado mucho sacar adelante su propuesta, que no entraba dentro de nuestros planes y que el director financiero no estaba convencido de ella, pero hemos peleado por sacarla adelante, por hacerle un favor. Es importante hacerle entender que le hemos hecho un favor y que él "nos debe" otro, para que se sienta "en deuda" con nosotros.

También es habitual que utilice el miedo e incluso las amenazas para tratar de intimidarnos y conseguir sus objetivos con nosotros. Ahí debemos ser firmes como una roca, no dejarnos amilanar e indicarle que por ahí va por muy mal camino.

A mí me han llegado a amenazar "veladamente" con que podría perder una cuenta de crédito si no usaba una línea de anticipo de facturas en la que me acababan de aumentar el precio. Estoy hablando de uno de los cinco primeros bancos a nivel nacional." ¿Me estas amenazando?", pregunté sin dudarlo, "no, claro que no", me respondieron, "pero si dejas de usar las líneas, puede que pierdas alguna".

Me mantuve firme en la postura definida en nuestra política financiera y no use la línea donde habían incrementado el precio, y pasado un tiempo rebajaron el precio de dicha línea. Por cierto, tampoco perdimos la cuenta de crédito. Es muy importante mantenerse firme y demostrar solidez ante las amenazas. Y eso solo te lo puedes permitir trabajando con un grupo amplio de bancos, y no dependiendo de ninguno de ellos.

Otra amenaza típica es la de predecir la evolución de la economía. Por ejemplo: me ofrecieron una línea de confirming a tres años, con el aval del I.C.O. (Instituto de Crédito Oficial, es una entidad pública empresarial (EPE) de las previstas en la Ley 40/2015, de Régimen Jurídico del Sector Público, adscrita al Ministerio de Asuntos Económicos y Transformación Digital) , pero con una comisión de apertura que triplicaba la que había firmado en ese mismo producto con otro banco. En concreto 0,50% frente a 0,15%, para una línea de 700.000 euros. Primero el banco que me ofrecía la línea me amenazó indicándome que podía perder la línea, mientras qué si la firmaba, la tenía garantizada por tres años. Le respondí que nuestras previsiones para los dos próximos años eran positivas, manteniendo cifra de ventas y resultado positivo, y que además yo no podía gestionar con miedo.

Entonces me indicó, qué firmando esta póliza, me garantizaba la línea y el precio de esta los próximos tres años, y que en ese periodo los tipos de interés iban a subir, por lo que debía firmarla a pesar de tener una comisión tan elevada. Mi respuesta fue que llevaba escuchando que los tipos de interés iban a subir desde hacía más de 15 años y no lo hacían nunca. Finalmente, no bajaron la comisión de apertura y no firmamos la póliza. Pero repito e insisto, eso lo pudimos hacer, porque trabajamos con un numeroso grupo de bancos.

4.3.2 Gestor "familiar"

Hay muchos gestores bancarios que utilizan esta estrategia comercial para acercarse más a nosotros, confraternizar y ganarse nuestra confianza, de forma que nos resulte más difícil rechazar sus peticiones, que pueden ir desde una subida de precios, hasta un uso mayor de la línea a pesar de dicha subida.

Se trata de lograr un acercamiento a través del conocimiento de nuestra vida personal, aficiones o actividades que realicemos fuera del trabajo. Por ejemplo, un día, de forma aparentemente casual, el gestor nos preguntará por el fin de semana, y si le damos alguna indicación en concreto acerca de lo que hemos hecho en el mismo: ver un partido de balonmano, ir al monte, andar en bici o comer en un restaurante turco, se interesará por dichas actividades, hasta saber si son aficiones que nos gustan y que realizamos con frecuencia.

Cuando logre averiguar dichas aficiones, es seguro que nos preguntará por ellas cuando volvamos a hablar. No todas las veces, para no parecer pesado, pero si a menudo. Y claro, a quien no le gusta hablar de las aficiones que le apasionan, y encima con alguien que nos escucha, es imposible negarse y no caer en la trampa. Pero tengamos claro, que al gestor no le interesan en absoluto nuestras aficiones, simplemente está haciendo su trabajo que es ganarse nuestra confianza.

Es difícil hacer amigos entre nuestros gestores bancarios, toda la relación es un "teatro", y como tal debemos actuar y ser buenos intérpretes. En este caso, lo que vamos a hacer es darle la vuelta a la situación, un "efecto boomerang", igual que él, de forma casual y si puede ser, en mitad de una de nuestras conversaciones acerca de nuestras aficiones, preguntarle al gestor, por las suyas.

Por ejemplo, hablando de una excursión nuestra al monte, le preguntamos si a él también le gusta ir al monte. Puede que nos responda que sí, pero en bici, y entonces le preguntaremos por esa afición suya que acabamos de descubrir, la mountain bike. Los ciclistas, de carretera o montaña son fanáticos de su afición, les encanta, sobre todo la maquina con la que la practican, si logramos que nos hable de ella, será él quien estará hablándonos de su afición sin darse cuenta y será él quien inconscientemente se sienta en deuda con nosotros por compartir su afición y contarnos sus "aventuras".

Obviamente, hay que ser cuidadoso con el tema, como lo es él, y no preguntarle constantemente por el asunto, si no de vez en cuando, pero que en esos momentos se suelte y se explaye acerca de él. Hablando nosotros también de lo nuestro, pero de forma sutil y delicada, lograr que él también hable de lo suyo, casi sin darse cuenta.

Esto no nos asegurará crédito ilimitado con este banco, pero si una buena predisposición del gestor hacia ello.

4.3.3 Gestor apático/indiferente

Por diferentes razones: edad, falta de motivación, de interés, retribución variable escasa, o simplemente porque no está a gusto en su trabajo, se trata de un gestor que no nos presiona para que usemos sus líneas.

A veces puede resultar hasta apático, y puede suponer un problema cuando hayamos de proponerle alguna operación fuera de las líneas definidas, para la que necesitemos su implicación.

Pero en general es bueno que no nos moleste, ni nos presione en exceso y será fácil el trato con él.

Por encima de todos estos consejos que debemos seguir, lo más importante, es estar atentos a las sensaciones que tengamos cuando tratemos con cada gestor. Escuchar a nuestros instintos y guiarnos por ellos, muy a menudo las personas no son lo que parecen y se comportan de una forma que no es real.

Puede que un gestor "familiar" con una propuesta de financiación inmejorable no nos cuadre, por algo que ni siquiera percibamos, pero que interiormente nos indique que realmente no debemos firmarla. Escuchemos esa "voz interior", porque si tenemos esa sensación realmente es por algo. Muchas veces pequeños detalles delatan la verdad: un gesto, una mirada, una mueca, y debemos estar atentos a ellas, tanto o más que a las cifras y datos.

4.4 DEUDA FINANCIERA

Este apartado cada vez es más importante en las cuentas anuales de la empresa hasta situarse a la par, incluso por encima del resultado de esta.

Al analizar las cuentas de una empresa, se mira con lupa, la evolución de la deuda en los últimos años y sobre todo **el ratio deuda neta/ebitda** que clasifica a la empresa como atractiva o no para la banca. El ratio adecuado, depende del sector donde se encuentre la empresa, pero una cifra mayor de 4 no es buena.

"Deuda neta" es la suma de las deudas financieras (tanto a corto como a largo plazo) menos la tesorería y el valor de las inversiones financieras a corto plazo.

EBITDA (Earnings Before Interest, Taxes, Depreciation and Amortization es la ganancia/beneficio antes de intereses, impuestos, depreciación (provisiones) y amortización), es decir, analiza de forma cuantitativa la capacidad que tiene una empresa de generar beneficios.

A pesar de que no forma parte de los resultados contables, el Banco de España reconoce que este indicador se suele utilizar para valorar empresas y que es uno de los más mencionados entre las empresas no financieras.

Veamos un ejemplo concreto de EBITDA:

CUENTA DE PERDIDAS Y GANANCIAS	
1. Importe neto de la cifra de negocios	9.900.000
2. Variación de existencias de productos terminados	270.000
3. Aprovisionamientos	-2.400.000
4. Gastos de personal	-1.800.000
5. Otros gastos de explotación	-300.000
6. Amortización del inmovilizado	-1.500.000
7. Imputación de subvenciones	300.000
A) RESULTADO DE EXPLOTACIÓN (1+2+3+4+5+6+7)	**4.470.000**
8. Ingresos financieros	1.050.000
9. Gastos financieros	-720.000

B) **RESULTADO FINANCIERO** (8+9)	330.000
C) **RESULTADO ANTES DE IMPUESTOS** (A+B)	4.800.000
10. Impuesto de sociedades	-1.200.000
D) **RESULTADO DEL EJERCICIO (C+10)**	3.600.000
EBITDA	
Resultado del ejercicio	3.600.000
+ Impuesto sociedades	1.200.000
+ Gastos financieros	720.000
+ Amortizaciones	1.500.000
EBITDA	**7.020.000**

Hay empresas que superan el ratio deuda neta/ebitda 4, y la banca continúa confiando en ellas o por lo menos mantiene sus líneas de financiación, pero porque tienen un plan previsto para la mejora de dicho ratio y de las partidas que lo componen.

Y esto es lo que hay que hacer, tener un plan estratégico y/o presupuesto para un horizonte temporal no menor de un año ni mayor de tres, más allá de ese plazo es pura especulación.

Dicho plan y/o presupuesto contemplará las previsiones de ventas, gastos y beneficios, y en base a ellas, estructuraremos nuestra previsión de deuda financiera para el próximo ejercicio. Un año es muy largo y en él suceden muchas cosas, buenas y malas, previstas e imprevistas, que pueden afectar positiva y negativamente a nuestra cifra de deuda presupuestada.

Pero es muy importante tener una previsión de deuda financiera para el cierre del ejercicio y así transmitírselo a la banca en las reuniones que mantengamos, y de la misma manera tener una previsión de beneficio, porque de lo contrario, la imagen que estamos transmitiendo es que nuestra empresa no sabe hacia donde se dirige. Obviamente su cumplimiento, no es controlable al 100 %, pero nuestra credibilidad dependerá de ello, y caso de ser muy elevado el % de incumplimiento, la explicación de las causas que llevaron a ello indicará nuestra fiabilidad como departamento financiero y como empresa.

4.4.1 Productos deuda financiera

Respecto a los productos en los que queremos tener dividida la deuda financiera, debemos seguir el mismo criterio que en el punto 4.1¿Cuantos bancos necesitamos?, diversificar y no estar cerrados a ninguna alternativa. Habrá opciones más atractivas que otras, por precio y disponibilidad, pero deberemos tener diversificada la deuda, tanto en bancos como en productos financieros. Ya que, si tenemos una concentración de deuda en un único elemento, y este desaparece de la oferta bancaria o sufre un elevado incremento de precio, tendremos problemas.

Los productos financieros más comunes en los que dividir la deuda financiera actualmente son:

1. Anticipo/descuento de facturas/pagares.-cuentas de crédito.

2. Prestamos.

3. Financiación de proveedores- financiación de impuestos/seguros sociales.

Los he ordenado en tres bloques por su atractivo:

1. Anticipo/ descuento facturas y pagares. cuentas de crédito

Son productos interesantes por tres razones: normalmente son los productos más baratos de los indicados, tienen gran rotación (se disponen y cancelan a menudo) y su límite se mantiene mientras la línea está vigente. Lo adecuado es tener un 45% de la deuda financiera total entre ambos.

En el caso de las cuentas de crédito, es importante controlar las comisiones de apertura y de no disponibilidad.

Normalmente las cuentas de crédito son anuales y pagaremos comisión de apertura en cada renovación. Un 0,10% es aceptable, lo que supere esa cifra es caro.

La comisión de no disponibilidad es la que nos cobran por la parte de la cuenta de crédito que no usemos. El intervalo, fluctúa entre el 0% y el 0,20%, dejemos bien claro en la póliza que debe ser anual, porque a veces indican trimestral y el % de comisión efectivo anual resulta de multiplicarlo por 4, e intentemos que sea lo mínimo posible.

Respecto a los precios, dependen del mercado y el momento, pero el rango idóneo para el anticipo de facturas se sitúa entre euríbor + 0,80% y el 1%. Y para las cuentas de crédito, entre el euríbor +1,25% y el 2%.

El trabajar con muchos bancos y tener líneas suficientes en todos ellos, nos permitirá usarles para obtener las mejores condiciones ¿Cómo lo haremos?: es sencillo, ordenemos los bancos por su precio y usemos los bancos más baratos siempre los primeros, hasta llenar totalmente sus líneas. Cuando los bancos con precios más elevados vean que no los usamos, nos llamarán, les explicaremos que no los usamos porque son caros y bajarán sus precios lo máximo que puedan para que dispongamos las líneas de financiación que tenemos con ellos y así apretando a la banca obtendremos los mejores precios del mercado.

Pero esto solo es posible si trabajamos con un número elevado de bancos.

Hay que ser cuidadoso con esta política, porque si la radicalizamos mucho, y dejamos alguna línea sin usar en absoluto, pueden cancelarla. La relación con la banca es siempre un tira y afloja, en el que nosotros debemos llevar el control y la iniciativa y utilizar a los bancos, como ellos tratan de utilizarnos siempre a nosotros.

2. Prestamos

Es el único de los productos que puede tener parte de deuda a largo plazo, y siempre es necesario tener algo de deuda a largo plazo, para tener más equilibrado el balance.

El precio suele ser más elevado que el resto de los productos, aunque depende del plazo, del banco con el que se firme y de la negociación con el mismo.

A veces las variaciones de precio entre bancos por préstamos del mismo importe y duración pueden llegar a ser del 300%.

Durante el COVID-19 hemos firmado varios préstamos con precios que van desde el 1% hasta el 2%, todos a tres años, y hemos rechazado inicialmente préstamos al 3,15% de bancos con los que finalmente hemos firmado al 2%.

Es importante tener en cuenta la comisión de apertura y de cancelación anticipada en este tipo de productos. Así como ser conscientes, que su importe crediticio disminuye con el paso del tiempo. Es decir, un préstamo de 1MM euros a 3 años, al pasar 18 meses, se habrá amortizado en 0,5 MM euros, de los que no se podrá volver a disponer.

Intentar evitar amortizaciones mensuales para no estar continuamente haciendo transferencias para cubrir dichos pagos, mejor con amortizaciones trimestrales.

Lo idóneo es tener un 45% de la deuda financiera total en ellos.

3. Financiación de proveedores. Financiación de impuestos/seguros sociales

El inconveniente de estos dos productos es que su financiación solo puede usarse para pagar a proveedores, impuestos y/o seguros sociales.

Además, dependiendo del banco, suelen llevar asociada una comisión de apertura al tipo de interés que le acompaña.

Aun así, es un producto que nos puede interesar, aunque no sea el más atractivo de los tres. Debemos convencer al banco que lo firmamos por hacerle un favor, porque es el producto más caro, el banco va a controlar el destino de los fondos y se ve favorecido al pagar impuestos y seguros sociales a través de ellos, aspecto que siempre le interesa.

Intentemos evitar la comisión de apertura, si no es posible, que no pase de 0,10% y el interés, en euríbor +1,75%.

La recomendación es tener un 10% de la deuda financiera total en estos productos.

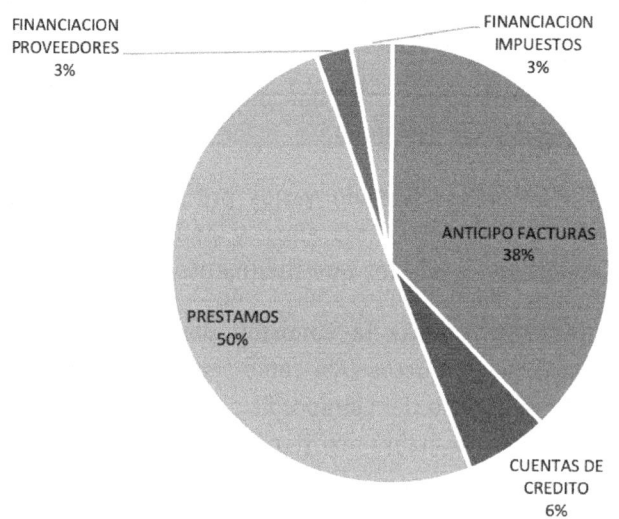

DISTRIBUCION IDONEA DEUDA FINANCIERA

4.4.2 Acciones para reducir deuda

Obviamente nuestra obligación como tesoreros es tener la menor deuda financiera posible, ¿qué podemos hacer para ello? Aunque la evolución de la deuda dependa principalmente del presupuesto anual, la previsión de beneficio y los cobros de los clientes, y aparentemente parezca que no podamos hacer nada desde nuestro puesto para mejorarla, siempre podemos y debemos hacer algo. Sobre todo, a fin de año, porque la cifra de deuda que tengamos en esa fecha será la que figure en cuentas anuales, y la que usarán los bancos para el cálculo de los ratios de endeudamiento, en función de los cuales nos clasificaran. Estas son las acciones que podemos realizar para reducir deuda:

1. Mejorar la rapidez en el cobro de las facturas pendientes de la empresa, como explicaré en el apartado 5.2 Facturas pendientes de cobro del libro, implementando mecanismos sencillos pero eficaces que obviamente necesitan la implicación de varios departamentos.

2. Negociar con los bancos operaciones de factorización para determinadas facturas, con las que podamos ceder su riesgo al banco, que nos adelante el importe y darlo por cobrado en balance, minorando deuda.

3. Ejecutar todos los confirmings disponibles que nos hayan enviado los clientes, dando por cobrado su importe y reduciendo la deuda financiera.

   Obviamente habrá que controlar el coste de estos y negociar con el banco emisor el precio, si este es muy elevado, esto podemos hacerlo a través de nuestro gestor, en el caso de que trabajemos con el banco emisor.

4. Descontar todos los pagarés que tengamos, ingresando su importe y obteniendo una liquidez que nos permita reducir aún más la deuda financiera.

5. Podemos negociar descuentos por pronto pago con los clientes, para que nos paguen antes, dar por cobradas sus facturas y reducir deuda.

6. Aplazar todos los pagos que podamos hasta el comienzo del siguiente ejercicio.

4.5 GASTOS FINANCIEROS

De igual manera que tenemos una previsión de la deuda financiera que tendremos a fin de año, debemos tener una cifra prevista para los gastos financieros en los que incurriremos durante el ejercicio. Y deberemos controlar mensualmente la evolución de ambos en las correspondientes revisiones mensuales de balance.

4.5.1 Acciones para reducir gasto financiero

Y también, de igual manera que realizamos acciones para tener la menor deuda posible, sobre todo a final de año. Debemos realizar acciones para tener la menor cifra posible de gastos financieros. Estas acciones deberán ser continuas durante todo el ejercicio, ya que la cifra de gastos financieros anuales crece día a día y su control también debe ser diario, de la siguiente manera:

1. Negociar siempre las mejores condiciones posibles en las nuevas pólizas que firmemos. Si abrimos cuenta y línea financiera con un nuevo banco, le indicaremos las mejores condiciones que tengamos en los productos que con él trabajemos, y deberá como mínimo igualarlas. Incluso le podemos enviar las condiciones de los otros bancos para demostrárselo y presionarle para ello.

2. Usaremos para pago de nóminas y transferencias nacionales y extranjeras aquellos bancos que no nos cobren comisiones por ello o que nos cobren las mínimas posibles. Cuando otros bancos nos pidan que realicemos este tipo de pagos con ellos, les diremos que no podemos hasta que nos eliminen/rebajen sus comisiones.

3. Ordenaremos las líneas de financiación disponibles de cada producto financiero por precio y siempre usaremos primero las más baratas, teniendo sus líneas siempre totalmente dispuestas.

Cuando los bancos más caros, nos pidan que usemos más sus líneas, les diremos que no podemos si no bajan el precio. Cuando lo bajen, les usaremos al 100% a ellos, hasta que los otros bajen aún más el precio, hasta obtener las mejores condiciones posibles y reducir los gastos financieros lo máximo que podamos.

Debemos utilizar a los bancos, y no a la inversa, y para ello es imprescindible trabajar con un número elevado, como ya he explicado en este apartado 4, punto 4.2 ¿Cuantos bancos necesitamos?, para no depender de ninguno y poder usarlos de manera eficiente para nuestro propio beneficio.

4.5.2 Análisis contable gasto financiero

Por otro lado, tenemos que preguntarnos: ¿cuál es la estructura contable más idónea para clasificar los gastos financieros de la forma más eficiente para que su control y seguimientos sean más sencillos de realizar?, pues por banco y por concepto de gasto, que básicamente son tres:

▸ Comisiones.

  Las más habituales son: por transferencias nacionales, vía banco de España e internacionales, por no disponibilidad de las cuentas de crédito, por renovación de las cuentas de crédito y por mantenimiento de cuentas.

▸ Comisiones por avales.

▸ Intereses.

  Por anticipo de facturas, descuento de pagarés y cualquier otro documento susceptible de ser negociado con el banco, intereses de cuenta de crédito, cuotas de préstamo, financiación de proveedores e impuestos principalmente.

Esta forma de clasificación nos permitirá un triple análisis: por concepto de gasto financiero, por banco y ambos combinados. Que nos ofrecerán una información útil para negociar con la banca y tomar decisiones dentro de nuestra política financiera. Veámoslo con ejemplos,

Clasificación total

GASTOS FINANCIEROS	2022	2021	2020
626010 COMISIONES BANCARIAS BSCH	12.025,86	6.777,56	5.928,82
626020 COMISIONES BANCARIAS BBVA	12.783,58	10.125,77	10.575,77
626023 COMISIONES BANCARIAS BBVA-(DÓLARES)	141,31	131,47	514,76
626090 COMISIONES BANCARIAS BANCO SABADELL	602,48	1.920,38	760,29
626100 COMISIONES BANCARIAS BBK	88,78	81,75	28,12
626240 COMISIONES BANCARIAS IBERCAJA	292,98	4.863,04	11,42
626260 COMISIONES BANCARIAS DEUTSCHE BANK	1.808,80	1.353,62	501,34
626280 COMISIONES BANCARIAS BANCO POPULAR	895,20	1.280,99	4.314,38
626300 COMISIONES BANCARIAS BANKOA	214,33	165,18	1.207,75
626310 COMISIONES BANCARIAS ABANCA	323,72	2.301,68	313,52
626340 COMISIONES BANCARIAS BANKINTER	10.940,30	14.766,44	9.249,78
626360 COMISIONES BANCARIAS LABORAL KUTXA	721,56	882,77	1.026,36
626370 COMISIONES BANCARIAS BANKIA	10.788,02	16.159,09	6.969,73
626380 COMISIONES BANCARIAS CAJA RURAL DE NAVARRA	3.008,70	1.212,44	837,63
626390 COMISIONES BANCARIAS TARGOBANK	298,49	118,40	1.000,13
626400 COMISIONES BANCARIAS CAIXA GERAL	176,35	98,76	339,66
626410 COMISIONES BANCARIAS LA CAIXA	2.070,19	1.118,17	887,06
626420 COMISIONES BANCARIAS LIBERBANK	1.828,04	374,88	0,00
626460 COMISIONES BANCARIAS NOVOBANCO	16,19	0,00	0,00
626470 COMISIONES BANCARIAS UNICAJA	566,29	0,00	0,00
661010 COMISIONES AVALES BSCH	11.653,63	745,11	8.483,38
661020 COMISIONES AVALES BBVA	12.131,16	115,66	4.652,82
661090 COMISIONES AVALES BANCO SABADELL	8.580,31	8.173,70	6.894,64
661260 COMISIONES AVALES DEUTSCHE BANK	163,42	5.858,77	5.858,96
661280 COMISIONES AVALES BANCO POPULAR	8.715,98	6.665,57	16.874,25
661300 COMISIONES AVALES BANKOA	7.809,04	6.308,80	1.228,74
661310 COMISIONES AVALES ABANCA	417,97	0,00	0,00
661340 COMISIONES AVALES BANKINTER	1.896,66	0,00	125,36
661370 COMISIONES AVALES BANKIA	18.269,03	9.134,51	1.093,33
661380 COMISIONES AVALES CAJA RURAL DE NAVARRA	3.407,01	12.096,01	3.763,42

661390 COMISIONES AVALES TARGOBANK	1.951,24	3.917,59	3.113,20
661410 COMISIONES AVALES LA CAIXA	738,70	1.306,41	1.160,04
662010 INTERESES BBVA	34.223,39	43.581,53	95.183,37
662030 INTERESES BSCH	43.605,51	31.799,41	38.124,12
662060 INTERESES BANCO SABADELL	6.912,27	8.615,97	15.514,60
662220 INTERESES IBERCAJA	12.329,97	14.309,35	15.473,52
662240 INTERESES DEUTSCHE BANK	14.637,66	6.682,63	5.645,14
662270 INTERESES BANCO POPULAR	25.959,56	57.646,57	52.644,12
662280 INTERESES BANKOA	1.843,85	10.151,39	13.878,06
662300 INTERESES ABANCA	19.966,25	18.680,04	14.776,47
662320 INTERESES BANKINTER	11.844,60	13.104,31	15.475,81
662360 INTERESES LABORAL KUTXA	14.137,71	13.001,81	9.823,65
662370 INTERESES BANKIA	73.900,43	80.075,80	80.313,10
662380 INTERESES CAJA RURAL DE NAVARRA	30.823,95	19.772,18	19.218,96
662390 INTERESES TARGOBANK	7.065,22	10.600,05	15.354,14
662400 INTERESES CAIXA GERAL	24.317,90	14.010,43	18.483,05
662410 INTERESES LA CAIXA	15.047,03	30.575,99	10.026,76
662420 INTERESES LIBERBANK	6.369,16	1.077,24	0,00
662460 INTERESES NOVOBANCO	5,75	0,00	0,00
662470 INTERESES UNICAJA	871,47	0,00	0,00
	479.187,01	**491.739,19**	**517.649,55**

Clasificación por gasto financiero

GASTOS FINANCIEROS	2022	2021	2020	TOTAL	%
626 COMISIONES BANCARIAS	59.591,16	63.732,39	44.466,53	167.790,08	11,27%
661 COMISIONES AVALES	75.734,16	54.322,12	53.248,15	183.304,43	12,31%
662 INTERESES	343.861,69	373.684,68	419.934,86	1.137.481,23	76,41%
	479.187,01	**491.739,19**	**517.649,55**	**1.488.575,74**	**100,00%**

GASTOS FINANCIEROS

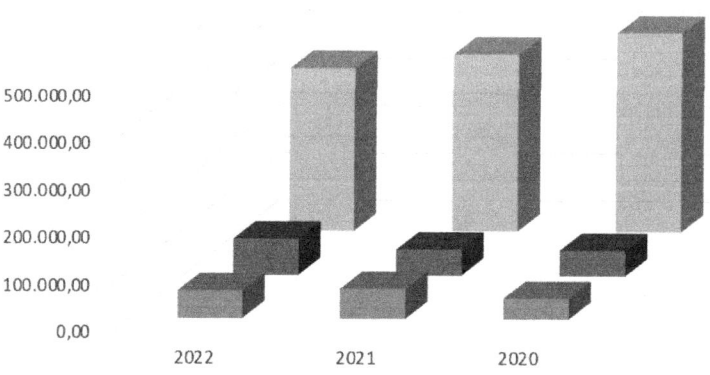

- 626 COMISIONES BANCARIAS
- 661 COMISIONES AVALES
- 662 INTERESES

En este ejemplo, la evolución en los últimos tres años es positiva, hay una reducción continua de gasto financiero, motivada por el descenso de los intereses.

Las comisiones por avales aumentan cada año y el resto de las comisiones aumenta el primer año para disminuir el segundo. Hay que analizar estos dos puntos hasta averiguar las razones de estas variaciones y conseguir dar sentido a la evolución de estas cifras y realizar una estimación para el 2020.

La reducción de los intereses también se debe analizar, porque, aunque disminuya, quizás pueda disminuir aún más. ¿Por qué se reducen los intereses?, ¿por qué estamos desarrollando una buena política financiera o porque tenemos menos facturación y necesitamos menos financiación o porque han descendido los tipos de interés?

¿Las comisiones por avales aumentan porque estamos teniendo más importe en avales o porque estamos usando los bancos más caros para la emisión de estos?, esto es lo que hay que analizar.

¿Las comisiones bancarias aumentan el primer año para disminuir el segundo porque no aplicamos correctamente la política financiera un año y otro si lo hacemos?, ¿o es porque ese primer año tuvimos muchas comisiones de apertura en nuevas líneas de financiación que abrimos? ¿Estamos usando los bancos más baratos para realizar las transferencias o los más caros? ¿Hemos negociado correctamente con los bancos dichas comisiones?, ¿hacemos seguimiento de que las aplican correctamente?, estas son las preguntas que debemos responder.

Clasificación por banco

GASTOS FINANCIEROS	2022	2021	2020	TOTAL	%
SANTANDER	67.285,00	39.322,08	52.536,33	159.143,40	10,69%
BBVA	59.279,45	53.954,43	110.926,72	224.160,60	15,06%
SABADELL	16.095,06	18.710,05	23.169,53	57.974,64	3,89%
BBK	88,78	81,75	28,12	198,64	0,01%
IBERCAJA	12.622,95	19.172,38	15.484,95	47.280,28	3,18%
DEUTSCHE BANK	16.609,88	13.895,02	12.005,45	42.510,35	2,86%
POPULAR	35.570,75	65.593,13	73.832,74	174.996,62	11,76%
BANKOA	9.867,22	16.625,37	16.314,54	42.807,13	2,88%
ABANCA	20.707,94	20.981,72	15.089,99	56.779,64	3,81%
BANKINTER	24.681,56	27.870,75	24.850,95	77.403,25	5,20%
LABORAL KUTXA	14.859,27	13.884,58	10.850,01	39.593,86	2,66%
BANKIA	102.957,48	105.369,40	88.376,16	296.703,03	19,93%
CAJA RURAL DE NAVARRA	37.239,67	33.080,63	23.820,02	94.140,31	6,32%
TARGOBANK	9.314,95	14.636,04	19.467,47	43.418,46	2,92%
CAIXA GERAL	24.494,25	14.109,18	18.822,71	57.426,15	3,86%
LA CAIXA	17.855,92	33.000,57	12.073,87	62.930,36	4,23%
LIBERBANK	8.197,21	1.452,12	0,00	9.649,33	0,65%
NOVOBANCO	21,94	0,00	0,00	21,94	0,00%
UNICAJA	1.437,76	0,00	0,00	1.437,76	0,10%
	479.187,01	491.739,19	517.649,55	1.488.575,74	100,00%

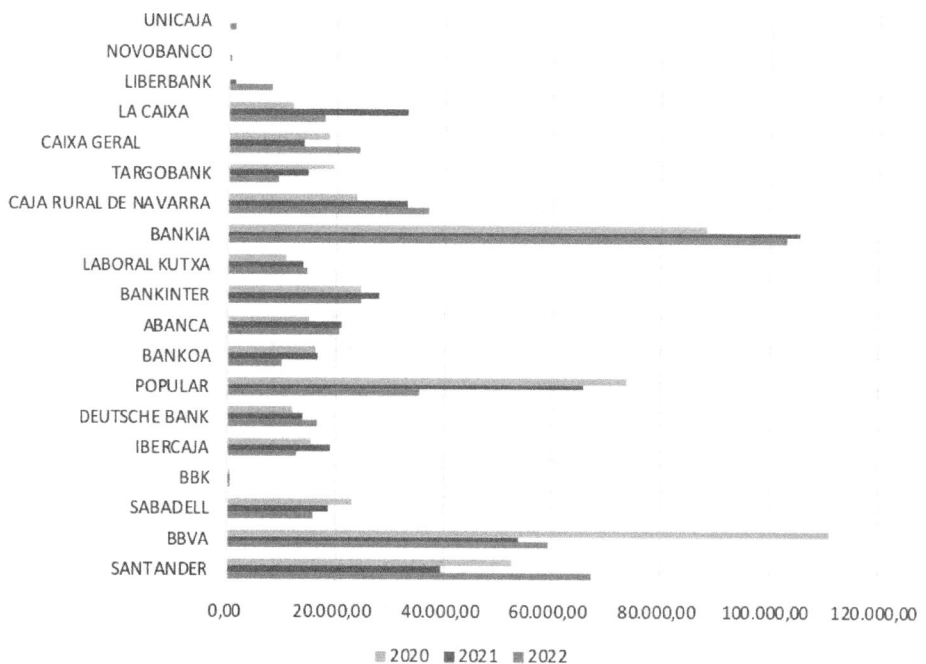

Aquí observamos que cuatro bancos concentran el 57% del total del gasto financiero de los últimos tres años: Santander, BBVA, Popular Y Bankia.

POPULAR y BBVA tienen una evolución descendente estos tres años, y los gastos de Santander y Bankia suben y bajan.

¿Por qué tienen tantos gastos financieros estos cuatro bancos?, ¿son los más baratos o con los que más líneas de financiación tenemos?

¿Por qué descienden los gastos financieros de Popular y BBVA?, ¿han subido precios y por eso los usamos menos, han reducido líneas de financiación con nosotros o estamos usándolos menos por política financiera o sin darnos cuenta?

Siendo el Popular el tercer banco en gasto financiero en los tres últimos años, ¿cómo nos va a afectar su desaparición e integración en el Santander?

Estas son las preguntas que debemos responder para analizar correctamente la evolución del gasto financiero por banco. Como dije en el apartado anterior, hay que buscarle "un sentido a las cifras", no se producen por sí solas, si no por decisiones que tomamos al usar más un banco que otros, o por inercias negativas que pueden perjudicarnos o por decisiones que no tomemos y que impliquen gastos innecesarios que se pueden evitar.

Hay que analizar las cifras, averiguar las decisiones que las generan, comprobar si son correctas o no, y sobre todo si se producen porque aplicamos adecuadamente la política financiera definida o por toma de decisiones no planificadas.

Si hay errores en las decisiones de uso de las líneas de financiación, implementar las medidas para corregirlas.

También podemos detectar que la política financiera definida sea errónea y debamos cambiarla, cuestionarnos todo continuamente, debe ser una obligación, que además de mantenernos alerta, nos permitirá mejorar.

Clasificación por banco y gasto financiero

GASTOS FINANCIEROS BANKIA	2022	2021	2020	TOTAL	%
626 COMISIONES BANCARIAS	10.788,02	16.159,09	6.969,73	33.916,83	11,43%
661 COMISIONES AVALES	18.269,03	9.134,51	1.093,33	28.496,87	9,60%
662 INTERESES	73.900,43	80.075,80	80.313,10	234.289,33	78,96%
	102.957,48	105.369,40	88.376,16	296.703,03	100,00%

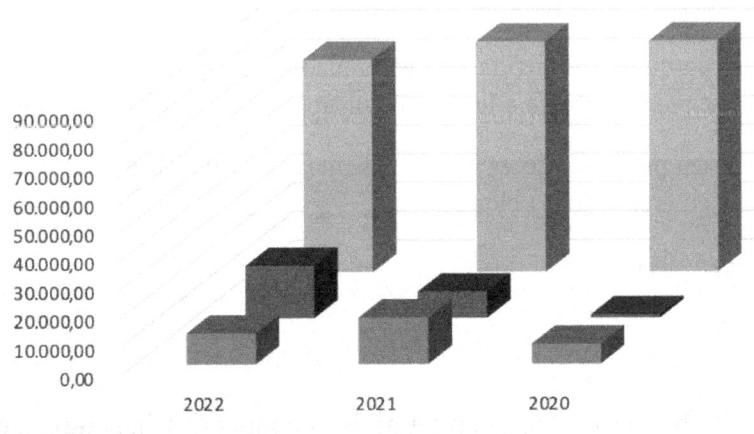

GASTOS FINANCIEROS BANKIA

- 626 COMISIONES BANCARIAS
- 661 COMISIONES AVALES
- 662 INTERESES

Estos son unos datos muy interesantes, porque BANKIA representa el 20% del total de los gastos financieros de los tres últimos años. **Los analizaremos antes de las reuniones que tengamos con ellos.**

Como en el resto de los bancos, prácticamente el 75% de sus ingresos/nuestros gastos provienen de los intereses, que en este caso están en torno a los 75.000 euros con una reducción en el último año.

Las comisiones avales experimentan un gran crecimiento, duplicando en el último año, el anterior, debemos conocer la razón de ello. Y las comisiones bancarias, casi se triplican el primer año y se reducen el segundo, habrá que ver porque y tratar de continuar con esa reducción.

4.6 RESUMEN LÍNEAS BANCOS - "LA CEBOLLA"

La gestión de la información en la empresa es un apartado muy importante y a veces difícil de manejar, hablaré de ella en el capítulo 9 del libro, pero con relación a los bancos debemos ser muy cuidadosos y detallistas, y ver la situación global de las líneas bancarias como una cebolla y sus respectivas capas.

Primero necesitamos una visión global, un cuadro resumen: TOTAL BANCOS, que recoja todas las entidades financieras con las que trabajamos, las líneas que tenemos con ellas, sus límites y los importes dispuestos en la actualidad. No es nada sencillo lograr un cuadro resumen que recoja tal cantidad de información de forma clara, sencilla y directa, y me llevó mucho tiempo conseguirlo.

Sobre todo porque hay partidas de este cuadro, como los avales que no se contabilizan, lo que nos obliga a llevar un control extracontable de las mismas.

La mejor forma para hacerlo es dividir las líneas de financiación que tenemos con los bancos en tres grandes bloques:

1. Deuda Bancaria.
2. Avales.
3. Confirming.

Y a partir de ahí, recoger toda la información en una única hoja resumen, que nos dé una visión global de la situación de la empresa con todos los bancos y a la vez de las líneas que tenemos con todos ellos.

Si queremos ver el detalle de cada uno de estos apartados, iremos igual que con una cebolla, quitando capas y viendo cada bloque de forma más pormenorizada en un cuadro especifico, y podremos continuar quitando capas de la cebolla, hasta llegar al detalle máximo: situación exacta de un préstamo solicitado con un banco hace 2 años: importe inicial, importe pendiente de amortizar, tipo de interés, cuadro de amortización, comisión por cancelación anticipada.

O el precio de la línea de avales de un banco en concreto, comisión de apertura, comisión trimestral, relación de avales en vigor actualmente y sus vencimientos.

Importe dispuesto en la línea de confirming que mantenemos con un banco: precio que cobra dicho banco al proveedor y % que nos bonifica de dicho precio.

Veamos cada uno de estos diferentes cuadros.

4.6.1 Total bancos

Esta hoja resumen es la más importante, porque nos da una visión global de todas las líneas que tenemos, su disposición, sus límites y la disponibilidad de las mismas, en cada instante.

También nos da una visión de todos los productos financieros que tenemos con cada banco, el % que representa cada banco en el total de nuestra financiación, en el total dispuesto y en el total disponible, y puede llevarnos a conclusiones o por lo menos a plantearnos preguntas si vemos discordancias en dichos %.

Además, esta hoja resumen nos proporciona una visión de los % que representan cada grupo en el total de nuestras líneas: que peso tiene el confirming, avales y deuda en el total de nuestra financiación, y cuanto está dispuesto cada uno de ellos. Esto también nos ha de llevar a pensar y quizás a descubrir aspectos de los que no éramos conscientes.

Esta hoja es la que mejor recoge el "pool bancario", y será la que enviemos a los bancos cuando nos pidan dicho pool. Pero **¿qué es exactamente el pool bancario?:** es un informe detallado de los riesgos por operaciones bancarias (préstamos, créditos, operaciones de financiación, avales, etc.), que mantiene una persona jurídica, en un momento determinado, con los bancos con los que opera. Obviamente se trata de mucha información y presentarla de forma fácil, que se entienda y asimile rápidamente no es tarea sencilla.

Varios bancos me han felicitado por presentarles la información de forma tan clara y detallada como viene recogida en este cuadro. Con un rápido primer vistazo tienen una visión global de nuestra situación financiera, tanto de los productos que usamos y la disposición de los mismos, como de los bancos con los que tenemos actividad y los límites firmados con cada uno de ellos.

Este primer cuadro total bancos, lo enviaremos a la banca acompañado de los otros tres: deuda bancaria, avales y confirming, que son el desglose de este primer cuadro resumen.

Por último, si queremos conocer el detalle de cada uno de los grupos, iremos a las hojas resumen de cada uno de ellos, "quitaremos las capas de la cebolla", conociendo su sabor más profundo.

Este cuadro resumen inicial nos indica que tenemos dispuestas las líneas totales en un 59%, 70 MM eur. sobre 118 MM. Teniendo con mucha disposición la de avales, un 74%, 33 MM eur. sobre 45 MM, menos dispuesta el confirming 40%, 10 MM eur. sobre 26 MM, y la deuda 56%, 26 MM eur. sobre 47 MM.

Deberemos realizar lo necesario para evitar tensiones en las líneas de avales. Debemos tener en cuenta, que solo con este cuadro podemos tener esta visión global que nos permite detectar estas situaciones y actuar a tiempo para evitar que generen problemas.

| % | | | IMPORTE | LÍMITE | IMPORTE | % |
DISPU/ LÍMITE	BANCO	FINANCIACIÓN	DISPUESTO	INICIAL	DISPONIBLE	DISPN/ LIM
56%		DEUDA BANCARIA	26.154.445	46.951.978	20.797.533	44%
74%	TOTAL	AVALES	33.562.171	45.163.199	11.601.029	26%
40%		CONFIRMING	10.302.962	26.050.000	15.747.038	60%
59%			70.019.578	118.165.178	48.145.600	41%

El desequilibrio de los avales es evidente, sus 45 MM euros de límites, suponen el 38% de los límites totales. Sin embargo, los 33,5 MM euros dispuestos representan casi el 50% de los 70 MM euros totales dispuestos.

Debemos actuar de inmediato de tres formas:

1. Pedir a los bancos un incremento de líneas de avales.

2. Intentar traspasar saldo disponible en deuda bancaria y confirming (menos dispuestos) a las líneas de avales.

3. Solicitar previsión de las necesidades previstas en avales para los próximos meses al departamento de producción.

Nº.	BANCO	FINANCIACIÓN	IMPORTE DISPUESTO	LÍMITE INICIAL	IMPORTE DISPONIBLE
1	SANTANDER	DEUDA BANCARIA	5.928.637	7.892.948	1.964.311
		AVALES	5.897.788	6.500.000	602.212
		CONFIRMING	397.797	650.000	252.203
2	BBVA	DEUDA BANCARIA	624.780	3.395.915	2.771.135
		AVALES	2.725.309	3.250.000	524.691
		CONFIRMING	338.404	750.000	411.596
3	SABADELL	DEUDA BANCARIA	1.328.293	3.188.889	1.860.595
		AVALES	1.288.448	3.000.000	1.711.552
		CONFIRMING	103.521	300.000	196.479
4	KUTXABANK	DEUDA BANCARIA			
		AVALES	204.415	204.415	0
		CONFIRMING	607.653	1.000.000	392.347
5	IBERCAJA	DEUDA BANCARIA	2.550.675	2.600.000	49.325
		AVALES			0
		CONFIRMING	359.000	950.000	591.000
6	DEUTSCHE BANK	DEUDA BANCARIA	96.141	1.670.000	1.573.859
		AVALES	1.252.175	2.750.000	1.497.825
		CONFIRMING	123.562	500.000	376.438
7	BANKOA	DEUDA BANCARIA	1.049.373	2.512.500	1.463.127
		AVALES	6.000.484	6.277.212	276.728
		CONFIRMING			0
8	ABANCA	DEUDA BANCARIA	140.625	740.625	600.000
		AVALES	4.410	87.885	83.475
		CONFIRMING			0

9	BANKINTER	DEUDA BANCARIA	1.746.044	2.250.000	503.956
		AVALES	2.172.846	3.000.000	827.154
		CONFIRMING	1.198.206	4.000.000	2.801.794
10	LABORAL KUTXA	DEUDA BANCARIA	1.356.924	3.000.000	1.643.076
		AVALES			
		CONFIRMING	321.864	1.000.000	678.136
11	BANKIA	DEUDA BANCARIA	7.185.196	11.900.907	4.715.711
		AVALES	2.599.093	2.599.093	0
		CONFIRMING	1.210.250	3.000.000	1.789.750
12	C. RURAL NAVARRA	DEUDA BANCARIA	765.852	1.865.043	1.099.191
		AVALES	2.244.978	2.744.594	499.616
		CONFIRMING	266.610	2.250.000	1.983.390
13	TARGOBANK	DEUDA BANCARIA			
		AVALES	493.524	800.000	306.476
		CONFIRMING	814.639	1.000.000	185.361
14	LA CAIXA	DEUDA BANCARIA	1.261.567	3.115.442	1.853.875
		AVALES	129.048	4.000.000	3.870.952
		CONFIRMING	2.135.165	2.000.000	-135.165
15	LIBERBANK	DEUDA BANCARIA	1.542.308	1.842.308	300.000
		AVALES	784.971	1.200.000	415.029
		CONFIRMING	1.697.871	2.500.000	802.129
16	C RURAL ZAMORA	DEUDA BANCARIA	377.401	377.401	0
		AVALES			
		CONFIRMING	95.553	1.750.000	1.654.447
17	CAJAMAR	DEUDA BANCARIA	0	300.000	300.000
		AVALES	2.994.512	3.000.000	5.488
		CONFIRMING	0	2.300.000	2.300.000
18	NOVO BANCO	DEUDA BANCARIA			
		AVALES	708.015	750.000	41.985
		CONFIRMING	479.896	600.000	120.104
19	UNICAJA	DEUDA BANCARIA	201.000	300.000	99.000
		AVALES			
		CONFIRMING	152.972	1.500.000	1.347.028
20	ASERTA	DEUDA BANCARIA			
		AVALES			
		CONFIRMING	4.062.153	5.000.000	937.847
			70.019.950	**118.165.178**	**48.145.228**

En los dos gráficos de la página siguiente se confirma el desequilibrio en la línea de avales, se ve de forma más clara y visual.

Los límites de las líneas de avales no llegan al 40% de los límites globales de todas las líneas, y sin embargo, los avales emitidos suponen prácticamente el 50% de las disposiciones de todas las líneas bancarias.

Circunstancia que no sucede en confirming ni en deuda bancaria, donde los porcentajes de disposición son menores que los porcentajes de los límites.

TOTAL BANCOS - DISPOSICIONES BANCARIAS

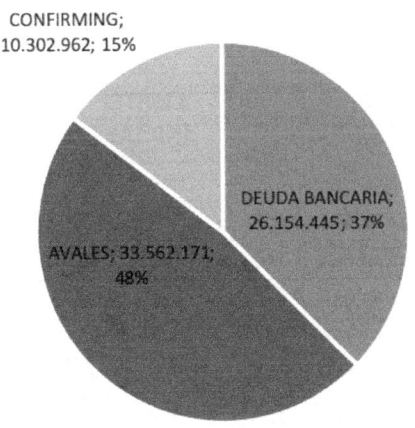

TOTAL BANCOS - LIMITES BANCARIOS

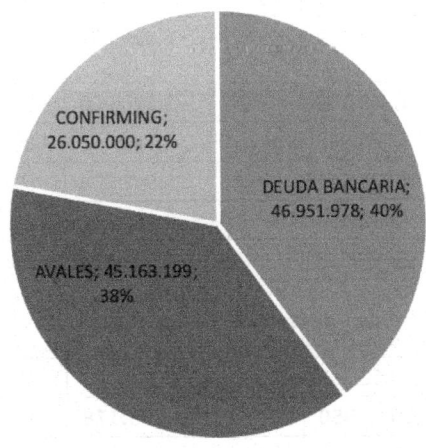

Respecto a los límites por bancos están muy repartidos como es aconsejable, no teniendo ningún banco más del 17% del porcentaje ni en importe dispuesto, ni en límites iniciales, ni en importes disponibles.

Todos los bancos están siendo usados en unos porcentajes razonables, en concordancia con los límites de cada uno de ellos.

Y lo que es muy importante, todos tienen las líneas dispuestas, incluso los más pequeños. Hay que usar todas las líneas y distribuir las necesidades financieras entre todos ellos, aunque el importe de sus líneas sea pequeño. Porque siempre pueden crecer y ser importantes en el futuro.

Pero si no les usamos, lo normal es que desaparezcan.

	BANCO	IMPORTE DISPUESTO		LÍMITE INICIAL		IMPORTE DISPONIBLE	
1	SANTANDER	12.224.223	17%	15.042.948	13%	2.818.725	6%
2	BBVA	3.688.493	5%	7.395.915	6%	3.707.422	8%
3	SABADELL	2.720.262	4%	6.488.889	5%	3.768.626	8%
4	KUTXABANK	812.068	1%	1.204.415	1%	392.347	1%
5	IBERCAJA	2.909.675	4%	3.550.000	3%	640.325	1%
6	DEUTSCHE BANK	1.471.879	2%	4.920.000	4%	3.448.121	7%
7	BANKOA	7.049.857	10%	8.789.712	7%	1.739.855	4%
8	ABANCA	145.035	0%	828.510	1%	683.475	1%
9	BANKINTER	5.117.095	7%	9.250.000	8%	4.132.905	9%
10	LABORAL KUTXA	1.678.788	2%	4.000.000	3%	2.321.212	5%
11	BANKIA	10.994.539	16%	17.500.000	15%	6.505.460	14%
12	C. RURAL NAVARRA	3.277.439	5%	6.859.637	6%	3.582.197	7%
13	TARGO BANK	1.308.163	2%	1.800.000	2%	491.837	1%
14	LA CAIXA	3.525.780	5%	9.115.442	8%	5.589.662	12%
15	LIBERBANK	4.025.151	6%	5.542.308	5%	1.517.157	3%
16	C RURAL ZAMORA	472.954	1%	2.127.401	2%	1.654.447	3%
17	CAJAMAR	2.994.512	4%	5.600.000	5%	2.605.488	5%
18	NOVO BANCO	1.187.911	2%	1.350.000	1%	162.089	0%
19	UNICAJA	353.972	1%	1.800.000	2%	1.446.028	3%
20	ASERTA	4.062.153	6%	5.000.000	4%	937.847	2%
		70.019.950		**118.165.178**		**48.145.228**	

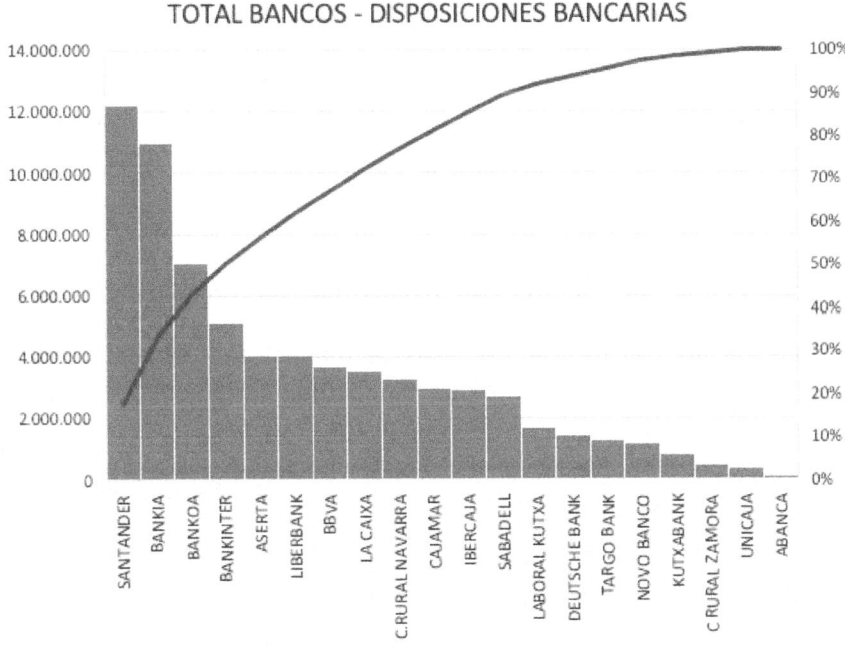

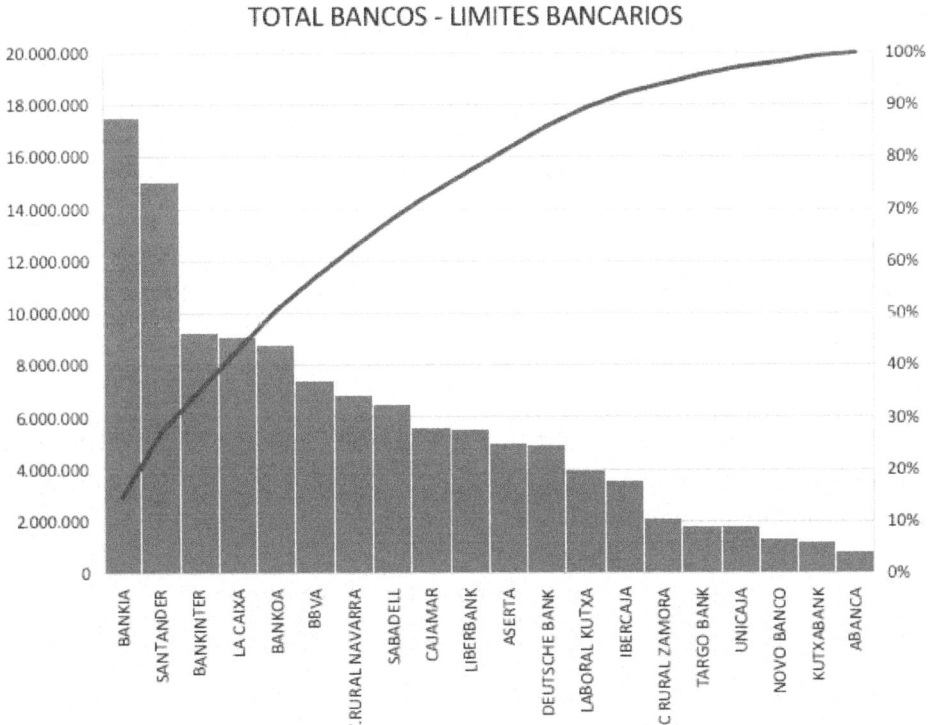

4.6.2 Deuda bancaria

Lo primero es aclarar que el importe de los préstamos es, tanto en dispuesto como en límite el mismo: el importe que nos queda por amortizar, ya que no hay disponible de los mismos de forma automática. Por eso su % de disposición es del 100%

La distribución de la deuda es equilibrada, coincidiendo con las recomendaciones que hice para la misma en el punto 4.2 Deuda financiera: Importe y Productos.

Hay coherencia en el uso de las líneas de financiación, tenemos el 56% de las líneas dispuestas: 45% en anticipo de facturas, 57% en financiación de proveedores y 60% en financiación de impuestos. Y solo un 10% en cuentas de crédito, lo que es normal, porque es el producto más caro y solo representa el 10% de nuestras líneas de deuda.

No se detectan tensiones de mucha disposición en las líneas que obliguen a actuaciones inmediatas.

% DISPU/ LÍMITE	BANCO	DISPUESTO	LÍMITE	DISPONIBLE	% DISPN/ LIM
45%	ANTICIPO FACTURAS	10.994	24.551	13.557	55%
10%	CUENTAS DE CRÉDITO	620	6.020	5.400	90%
100%	PRÉSTAMOS	11.931	11.931	0	0%
57%	FINANCIACIÓN PROVEEDOR	994	1.750	756	43%
60%	FINANCIACIÓN IMPUESTOS	1.616	2.700	1.084	40%
56%		26.154	46.952	20.798	44%

Y un aspecto importante es que tenemos un 44% de líneas disponibles, por si fuera necesario o tuviéramos alguna tensión de tesorería por impagos o cualquier circunstancia que pudiera suceder.

BANCO	FINANCIACIÓN	FECHA CONSTITUCIÓN	IMPORTE DISPUESTO	LÍMITE INICIAL	IMPORTE DISPONIBLE
BANKIA	ANTICIPO DE FACTURAS		3.162.608	5.400.907	2.238.299
	CUENTA CRÉDITO	29-10-14	22.216	2.500.000	2.477.784
	PRÉSTAMO COVID-19	23-04-20	4.000.000	4.000.000	0
BANKINTER	FINANCIACIÓN DE IMPUESTOS	24-02-17	746.000	750.000	4.000
	PRÉSTAMO COVID-19	27-04-20	1.000.000	1.000.000	0
	CUENTA CRÉDITO-COVID 19	25-06-20	44	500.000	499.956
BANKOA	CUENTA CRÉDITO	26-09-13	236.873	500.000	263.127
	ANTICIPO DE FACTURAS		0	1.200.000	1.200.000
	PRÉSTAMO	21-04-20	500.000	500.000	0
	PRÉSTAMO	30-05-19	312.500	312.500	0
BBVA	ANTICIPO DE FACTURAS		478.865	3.250.000	2.771.135
	PRÉSTAMO	18-12-17	145.915	145.915	0
LA CAIXA	CUENTA CRÉDITO ICO	15-12-14	-7.682	500.000	507.682
	ANTICIPO DE FACTURAS	18-07-17	501.541	1.500.000	998.459
	PRÉSTAMO	24-04-19	365.442	365.442	0
	FINANCIACIÓN DE IMPUESTOS	18-07-17	402.267	750.000	347.733
ABANCA	ANTICIPO FACTURAS/ AVALES	09-03-20	0	300.000	300.000
ABANCA EX C GERAL	PRÉSTAMO	18-12-17	140.625	140.625	0
	CUENTA CRÉDITO-COVID 19	18-06-20	0	300.000	300.000
C. RURAL NAVARRA	CUENTA CRÉDITO-COVID 19	16-12-16	71.269	500.000	428.731
	PRÉSTAMO	24-04-19	365.043	365.043	0
	ANTICIPO DE FACTURAS-COVID 19	13-11-14	329.540	1.000.000	670.460

DEUTSCHE BANK	ANTICIPO DE FACTURAS		0	300.000	300.000
	FINANCIACIÓN PROVEEDORES	27-04-17	0	750.000	750.000
	CUENTA CRÉDITO	14-05-19	97.084	500.000	402.916
	CUENTA CRÉDITO	22-06-18	-942	120.000	120.942
IBERCAJA	ANTICIPO DE FACTURAS		956.523	1.000.000	43.477
	PRÉSTAMO COVID-19	18-05-20	600.000	600.000	0
	FINANCIACIÓN PROVEEDORES		994.152	1.000.000	5.848
LABORAL KUTXA	PRÉSTAMO COVID-19	30-04-20	1.000.000	1.000.000	0
	ANTICIPO DE FACTURAS		356.924	2.000.000	1.643.076
SABADELL	ANTICIPO DE FACTURAS		1.139.405	3.000.000	1.860.595
	PRÉSTAMO	04-07-17	150.000	150.000	0
	PRÉSTAMO	17-10-14	38.889	38.889	0
SANTANDER	ANTICIPO DE FACTURAS		4.068.356	5.300.000	1.231.644
	PRÉSTAMO COVID-19	13-05-20	1.200.000	1.200.000	0
	FINANCIACIÓN DE IMPUESTOS	24-01-17	467.333	1.200.000	732.667
SANTANDER-EX POP	PRÉSTAMO	19-12-17	192.948	192.948	0
LIBERBANK	ANTICIPO DE FACTURAS-COVID 19	30-04-20	0	300.000	300.000
	PRÉSTAMO COVID-19	30-04-20	700.000	700.000	0
	PRÉSTAMO COVID-19	30-04-20	800.000	800.000	0
	PRÉSTAMO TMN	30-05-19	42.308	42.308	0
UNICAJA	CUENTA CRÉDITO-COVID 19	22-05-20	201.000	300.000	99.000
CAJAMAR	CUENTA CRÉDITO	23-10-20	0	300.000	300.000
C RURAL ZAMORA	PRÉSTAMO	15-12-14	377.401	377.401	0
			26.154.445	46.951.978	20.797.533

En los dos siguientes gráficos observamos más visualmente el equilibrio de la deuda bancaria. El 88% de la deuda se divide entre préstamos y anticipo de facturas que es lo recomendable por precio y equilibrio de balance.

La financiación de proveedores, financiación de impuestos y cuentas de crédito tienen una presencia más residual debido a que son más caras. El % que representan en límite y en disposición es similar en las dos primeras y menor en la tercera siendo la línea con menos uso de todas debido a que es de las más caras y no tiene el soporte de una factura al ser anticipada, el sentido de pagar un impuesto o a un proveedor al usar las líneas de financiación o el equilibrio que dan a un balance los préstamos, con sus vencimientos a largo plazo.

Realmente las cuentas de crédito están ahí para ser usadas en caso de algún imprevisto: como un pago no programado, un cobro previsto que se retrasa, una desviación en la nómina o impuestos resultantes para ser pagados, y nos generan una tensión de tesorería, y por premura y operatividad usamos las cuentas de crédito.

Pero en la medida en que la situación sea mejor y las previsiones más favorables, disminuirá su uso y los bancos las eliminarán de nuestras líneas al suponerles un coste de capital que no compensan con la comisión de no disponibilidad que nos cobran si no las usamos.

DEUDA BANCARIA - DISPOSICIONES BANCARIAS

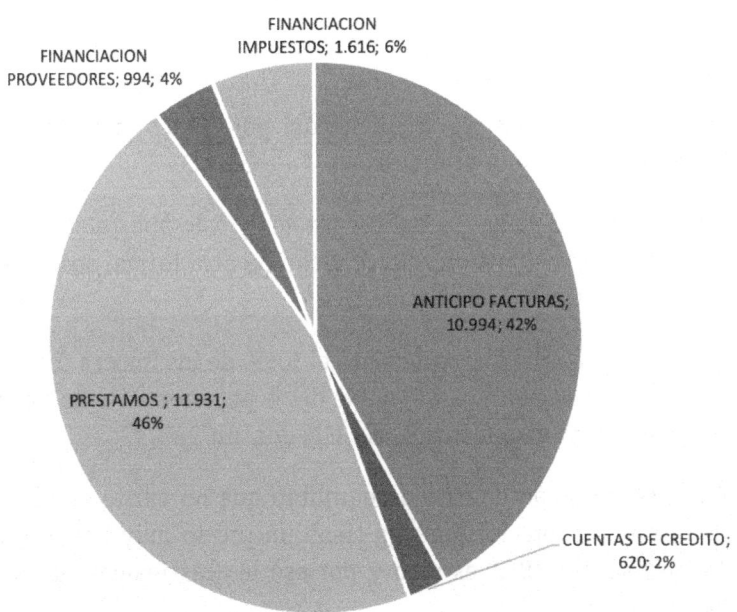

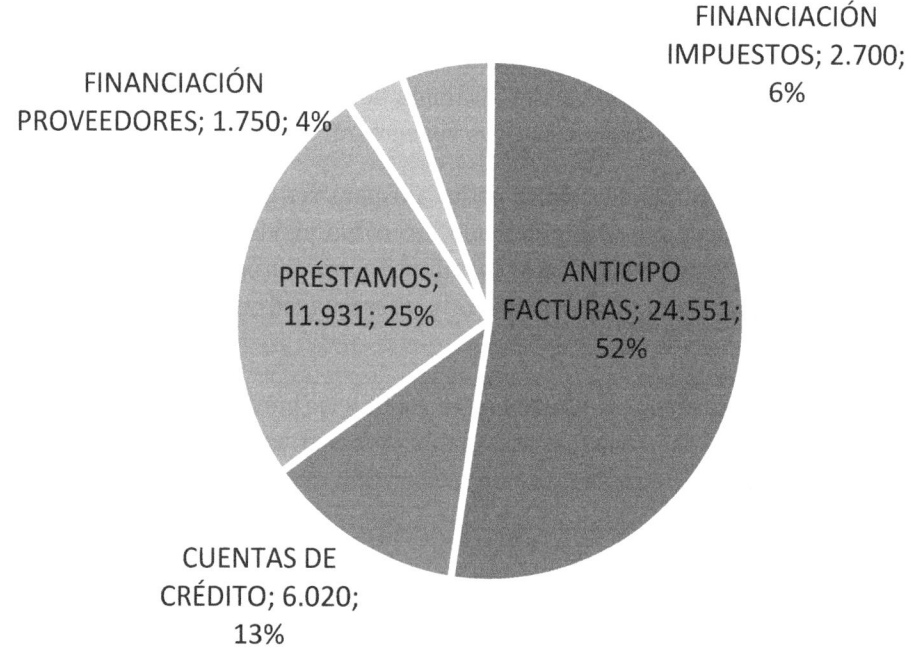

DEUDA BANCARIA - LIMITES BANCARIOS

En el caso de las líneas de financiación por banco hay dos claramente desequilibradas entre su uso y el límite.

BBVA representa el 7,2% de los límites totales y solo aporta el 2,4% al uso de dichas líneas, un tercio del anterior %. O, dicho de otra forma, sus 3,396 MM eur. solo están dispuestos 0,625 MM eur, un 18%

Ibercaja es todo lo contrario, representa el 5,5% de los límites totales y aporta el 9,8% al uso de dichas líneas, casi el doble del % anterior. O dicho de otra forma, sus 2,600 MM eur. están dispuestos 2,551 MM eur, un 98%

¿Cuál puede ser la razón de este desequilibro que no existe en el resto de los bancos?, obviamente el precio. Ibercaja tiene un precio muy bueno y por eso lo usamos intensivamente. BBVA es caro y por eso le "castigamos" sin usarle para que reduzca su precio.

BANCO	DISPUESTO	LÍMITE	DISPUESTO	LÍMITE
CAJA RURAL DE ZAMORA	377	377	1,4%	0,8%
BANKIA	7.185	11.901	27,5%	25,3%
BANKINTER	1.746	2.250	6,7%	4,8%
BANKOA	1.049	2.513	4,0%	5,4%
BBVA	625	3.396	2,4%	7,2%
ABANCA - EXCAIXA GERAL	141	441	0,5%	0,9%
CAJA RURAL	766	1.865	2,9%	4,0%
DEUTSCHE BANK	96	1.670	0,4%	3,6%
IBERCAJA	2.551	2.600	9,8%	5,5%
LABORAL KUTXA	1.357	3.000	5,2%	6,4%
POPULAR	193	193	0,7%	0,4%
SABADELL	1.328	3.189	5,1%	6,8%
SANTANDER	5.736	7.700	21,9%	16,4%
LA CAIXA	1.262	3.115	4,8%	6,6%
ABANCA	0	300	0,0%	0,6%
LIBERBANK	1.542	1.842	5,9%	3,9%
UNICAJA	201	300	0,8%	0,6%
CAJAMAR	0	300	0,0%	0,6%
	26.154	46.952	1	1

DEUDA BANCARIA - DISPUESTO POR BANCO

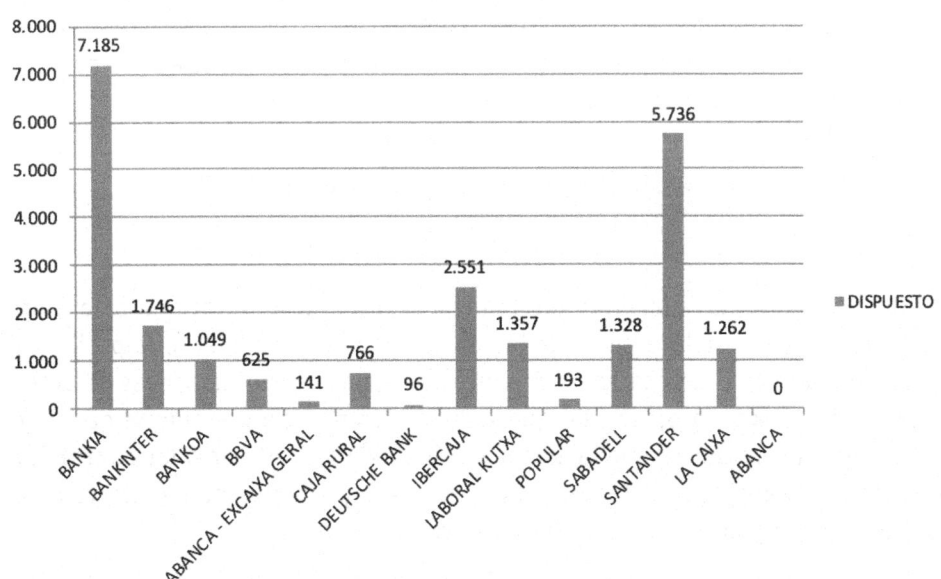

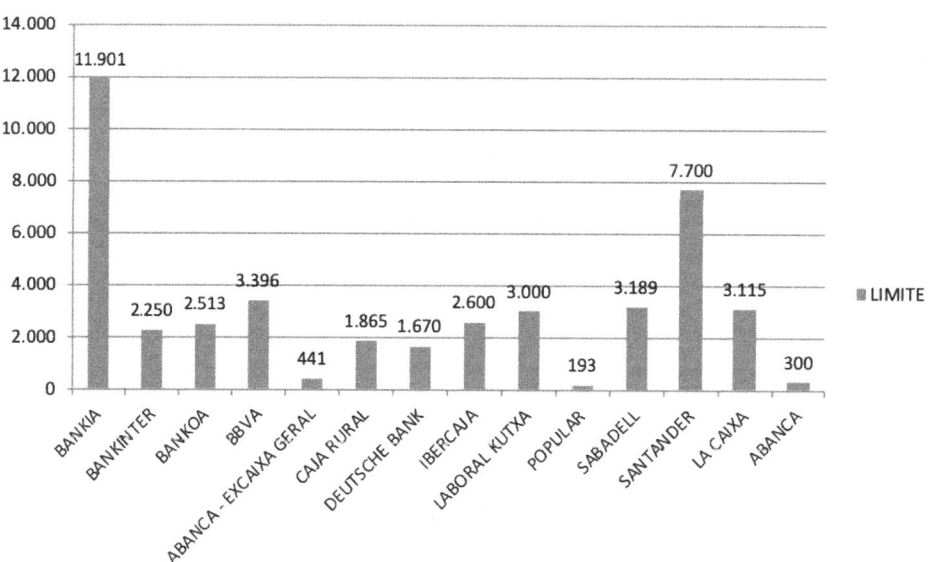

DEUDA BANCARIA - LIMITE POR BANCO

4.6.3 Avales

La disposición en la línea de avales es del 74%, puede parecer no muy elevada en un primer momento, si tenemos en cuenta que disponemos de un 26% del límite global disponible en dicha línea. Pero hemos de tener en cuenta que las líneas globales están dispuestas en un 59% por lo que el 74% está por encima de la media, y es un porcentaje muy elevado.

	DISPUESTO	LÍMITE	DISPONIBLE	
74%	33.562.171	45.163.199	11.601.029	26%

Hay que intentar aumentar los límites de las líneas de avales para evitar tensiones y una posible ruptura de las líneas, con la consiguiente imposibilidad de emitir algún aval necesario. Si el banco es reacio a aumentar líneas de avales, se le puede ofrecer la opción de que reduzca temporalmente alguna otra línea que no estemos usando o que la estemos utilizando menos, como los confirmings (40% de uso), anticipo de facturas (45% de uso) y cuentas de crédito (10% de uso) para poder usar mayor importe en la línea de avales.

Es cierto que la tipología de riesgo es diferente entre un producto y otro, pero al banco siempre le interesa que se usen sus líneas, por lo que puede aceptar la propuesta. Que solo usaremos si se muestra reticente a un aumento de las propias líneas de avales.

Avales

BANCO	EMPRESA	DISPUESTO	LÍMITE	DISPONIBLE
BBVA	EMPRESA 1	569.584		524.691
	EMPRESA 2	2.155.725	3.250.000	
SABADELL	EMPRESA 1	427.766	3.000.000	1.711.552
	EMPRESA 2	860.682		
SANTANDER	EMPRESA 1	5.444.383	6.500.000	602.212
	EMPRESA 2	453.405		
BANKIA	EMPRESA 1		2.599.093	0
	EMPRESA 2	2.599.093		
BANKOA	EMPRESA 1	4.823.272	5.100.000	276.728
	EMPRESA 2	1.177.212	1.177.212	
KUTXABANK	EMPRESA 1		204.415	0
	EMPRESA 2	204.415		
DEUTSCHEBANK	EMPRESA 1	1.159.576	2.750.000	1.497.825
	EMPRESA 2	92.599		
LA CAIXA	EMPRESA 1	103.434	4.000.000	3.870.952
	EMPRESA 2	25.614		
ABANCA	EMPRESA 1	0	87.885	83.475
	EMPRESA 2	4.410		
LIBERBANK	EMPRESA 1	608.479	1.200.000	415.029
	EMPRESA 2	176.492		
BANKINTER	EMPRESA 1	833.372		827.154
	EMPRESA 3	1.190.602		
	EMPRESA 2	148.872	3.000.000	

NOVO BANCO	**EMPRESA 1**	708.015		41.985
	EMPRESA 2		750.000	
CAJAMAR	**EMPRESA 1**	2.994.512		5.488
	EMPRESA 2		3.000.000	
CAJA RURAL DE NAVARRA	**EMPRESA 1**	1.550.000	1.500.000	-50.000
	EMPRESA 3	244.594	244.594	0
	EMPRESA 2	450.384	1.000.000	549.616
TARGO BANK	**EMPRESA 1**	468.693	800.000	
	EMPRESA 2	24.831		306.476
ASERTA	**EMPRESA 1**	620.867	5.000.000	
	EMPRESA 2	3.441.286		937.847
		33.562.170	**45.163.199**	**11.601.029**

Respecto a las líneas por bancos, hay dos que llaman la atención respecto al resto.

Sabadell representa el 7% del total de líneas disponibles para emisión de avales, y solo representa el 4% de los avales emitidos. ¿Por qué tanta diferencia (casi la mitad) entre el % que aporta al límite y el % que representa en avales emitidos.

Caixa es un caso aún más llamativo: su límite es el 9% del límite total de las líneas, pero los avales emitidos con este banco no llegan al 1% del total. ¿Por qué no emitimos más avales con este banco (solo 129.048 eur) con el que tenemos tanto límite (4 MM eur)? Puede haber varias razones:

▰ Tiene un precio elevado y estamos usando su línea lo menos posible para intentar una rebaja en el mismo.

▰ Es una situación circunstancial, al haberse cancelado varios avales de importes elevados y haber quedado la línea con poca disposición.

▰ Estamos haciendo mal nuestro trabajo, nos hemos despistado y hemos usado otros bancos que estaban más dispuestos, dejando este con poco uso. Es un banco importante y hay que usar sus líneas.

▰ Hemos tenido algún problema con este banco y hemos dejado de usar sus líneas, como "castigo".

Estos son los % a los que debemos estar atentos y los análisis que debemos realizar para evitar desequilibrios en el uso de las líneas y usarlas de forma equilibrada a todas por igual siguiendo las estrategias definidas en la política financiera, de forma que todo encaje dentro de un marco de actuación definido encaminado a lograr trabajar con un grupo de bancos lo mayor posible y disponer de todas las líneas necesarias para no tener "rupturas" de financiación.

Avales

BANCO	DISPUESTO	LÍMITE	DISPUESTO	LÍMITE
BBVA	2.725.309	3.250.000	8%	7%
SABADELL	1.288.448	3.000.000	4%	7%
SANTANDER	5.897.788	6.500.000	18%	14%
BANKIA	2.599.093	2.599.093	8%	6%
BANKOA	6.000.484	6.277.212	18%	14%
KUTXABANK	204.415	204.415	1%	0%
DEUTSCHEBANK	1.252.175	2.750.000	4%	6%
LA CAIXA	129.048	4.000.000	0%	9%
ABANCA	4.410	87.885	0%	0%
LIBERBANK	784.971	1.200.000	2%	3%
BANKINTER	2.172.846	3.000.000	6%	7%
NOVO BANCO	708.015	750.000	2%	2%
CAJAMAR	2.994.512	3.000.000	9%	7%
CAJA RURAL DE NAVARRA	2.244.978	2.744.594	7%	6%
TARGO BANK	493.524	800.000	1%	2%
ASERTA	4.062.153	5.000.000	12%	11%
	33.562.170	45.163.199	100%	100%

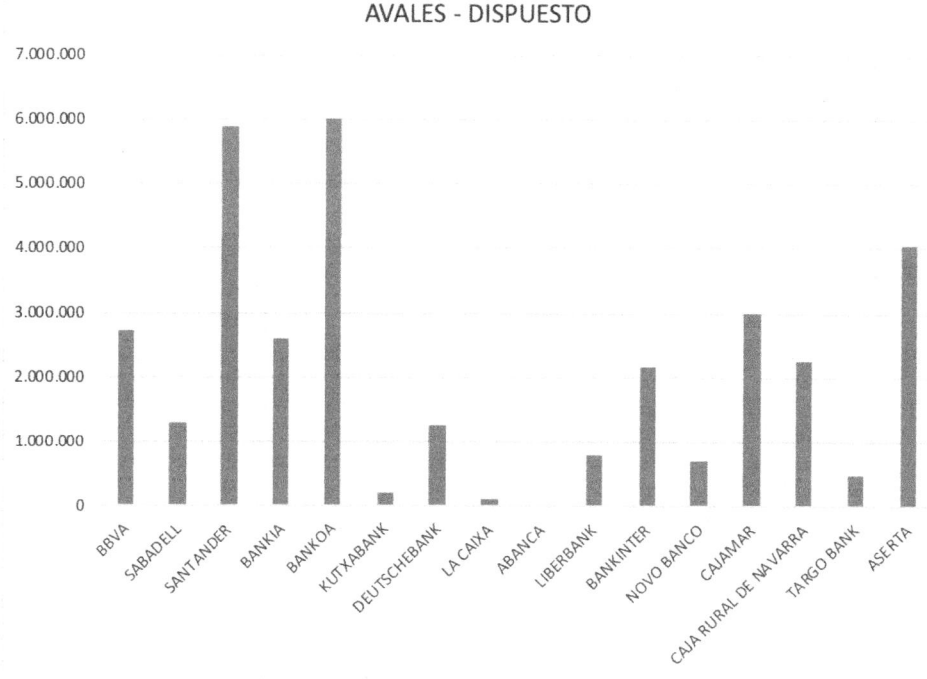

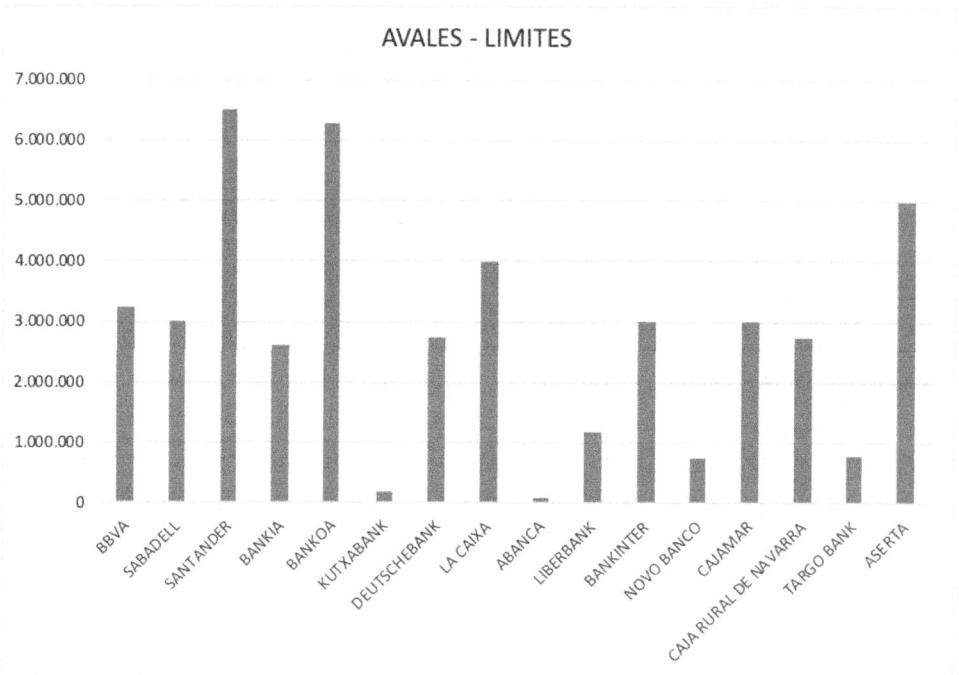

4.6.4 Confirming

El % de confirming dispuesto es menor del 50%, por lo que a priori, parece que podemos estar tranquilos con este producto. Sin embargo, hay que revisarlo con mayor profundidad.

El análisis que debemos realizar es el siguiente: en base a la previsión de facturación del año, dimensionar la cifra que necesitamos en líneas de confirming y luego añadirle un 50% más, para tener cubierta la no homogeneidad temporal de la facturación.

Es decir, si tenemos una previsión de facturar 120 MM euros, automáticamente tendemos a pensar que la facturación será de 10 MM euros/mes. Sabiendo que el margen es del 12%, nuestros costes mensuales estarán en torno a 8,8 MM euros. Si de nuestros costes subcontratamos el 70%, tendremos facturas de proveedores por importe de 6,16 MM eur. que deberemos enviar por confirming.

Si pagamos a 90 días, necesitaríamos líneas por 18 MM euros aproximadamente, por lo que aparentemente con líneas por 26 MM debemos estar tranquilos. ¿O no?

	DISPUESTO	LÍMITE	DISPONIBLE	
40%	10.302.962	26.050.000	15.747.038	60%

Los cálculos anteriormente indicados corresponden a una facturación lineal y homogénea, circunstancia que rara vez sucede.

Un ejemplo, que me sucedió fue qué con un presupuesto de 120 MM de facturación anual, es decir 10 MM euros/mes, facturamos en enero 3 MM, en febrero 4 MM y en marzo 7 MM. Lógicamente las líneas de confirming estaban infrautilizadas y todos los bancos me llamaban durante esos tres primeros meses para usarlas, cosa que no podía hacer.

Hablé con el responsable de producción y me indicó que esta facturación tan irregular se debía al cronograma de las obras, circunstancia que no se puede controlar. Lógicamente en abril facturamos 15 MM euros y en mayo 22 MM, y entonces no me llamaba ningún banco para pedir que le llenase la línea por tener todas al límite.

Es por esto, qué para no tener rupturas en las líneas de financiación, debemos realizar el cálculo inicialmente realizado al comienzo de este apartado y a la cifra que nos aparezca que necesitamos le añadiremos un 50%.

Los bancos con los que trabajemos deberán ser conscientes de la falta de homogeneidad en nuestra **facturación** y de la necesidad de tener líneas suficientes para atenderla. Lo cual implica que habrá periodos de uso intensivo de dichas líneas y otros periodos de uso menor.

Respecto a la tabla por bancos, vemos que cada empresa del grupo tiene su propia línea dentro de cada banco, lo cual no es lo idóneo.

Lo mejor es tener una línea multiempresa que pueda usar cualquier sociedad el grupo en función de sus necesidades, pero esto no siempre es posible, dependiendo de cada banco, pero será la estructura que deberemos intentar tener.

BANCO	EMPRESA	DISPUESTO	LÍMITE	DISPONIBLE
CAJA RURAL ZAMORA	EMPRESA 1	607.652,71	1.000.000,00	392.347,29
SANTANDER	EMPRESA 1	1.198.205,74	4.000.000,00	2.801.794,26
NOVOBANCO	EMPRESA 2	338.404,40	750.000,00	411.595,60
BBVA	EMPRESA 1	2.135.164,64	2.000.000,00	-135.164,64
LA CAIXA	EMPRESA 1	95.552,56	1.750.000,00	1.654.447,44
IBERCAJA	EMPRESA 1	123.562,29	500.000,00	376.437,71
UNICAJA	EMPRESA 1	321.863,97	1.000.000,00	678.136,03
KUTXABANK	EMPRESA 1	103.520,59	300.000,00	196.479,41
BANKINTER	EMPRESA 1	397.797,49	650.000,00	252.202,51
DEUTSCHE BANK	EMPRESA 1	266.609,67	750.000,00	483.390,33
LABORAL KUTXA	EMPRESA 1		1.500.000,00	1.500.000,00
SABADELL	EMPRESA 1	1.210.250,02	3.000.000,00	1.789.749,98
CAJA RURAL NAVARRA	EMPRESA 1	1.697.871,08	2.500.000,00	802.128,92
CAJA RURAL NAVARRA	EMPRESA 3	359.000,00	950.000,00	591.000,00
BANKIA	EMPRESA 1		2.300.000,00	2.300.000,00
LIBERBANK	EMPRESA 1	479.895,78	600.000,00	120.104,22
CAJAMAR	EMPRESA 1	152.971,75	1.500.000,00	1.347.028,25
TARGO BANK	EMPRESA 1	421.172,09	500.000,00	78.827,91
TARGO BANK	EMPRESA 2	393.466,80	500.000,00	106.533,20
		10.302.961,58	26.050.000,00	15.747.038,42

Por último, en cuanto a % de uso y % de los límites hay cuatro desajustes importantes que marco en amarillo.

Laboral Kutxa y Bankia están sin disponer sus líneas, cuando la primera representa el 6% de los límites totales del confirming y la segunda el 9%. Puede deberse a una situación coyuntural debida a la falta de linealidad en la facturación ya explicada. Pero debemos intentar evitar tener líneas no dispuestas, sobre todo cuando representan esos % en los límites totales.

BBVA y Caja Rural de Navarra suponen un 21 y 20 % respectivamente a las líneas dispuestas, cuando sus líneas representan el 8 y 9 % de los límites totales, lo que refleja un claro desequilibrio en cuanto al % que aportan y al % que se les usa, que deberemos tratar de corregir y equilibrar para que ambos vayan parejos.

BANCO	DISPUESTO	LÍMITE	DISPUESTO	LÍMITE
CAJA RURAL ZAMORA	607.652,71	1.000.000,00	6%	4%
SANTANDER	1.198.205,74	4.000.000,00	12%	15%
NOVOBANCO	338.404,40	750.000,00	3%	3%
BBVA	2.135.164,64	2.000.000,00	21%	8%
LA CAIXA	95.552,56	1.750.000,00	1%	7%
IBERCAJA	123.562,29	500.000,00	1%	2%
UNICAJA	321.863,97	1.000.000,00	3%	4%
KUTXABANK	103.520,59	300.000,00	1%	1%
BANKINTER	397.797,49	650.000,00	4%	2%
DEUTSCHE BANK	266.609,67	750.000,00	3%	3%
LABORAL KUTXA	-	1.500.000,00	0%	6%
SABADELL	1.210.250,02	3.000.000,00	12%	12%
CAJA RURAL NAVARRA	2.056.871,08	3.450.000,00	20%	13%
BANKIA	-	2.300.000,00	0%	9%
LIBERBANK	479.895,78	600.000,00	5%	2%
CAJAMAR	152.971,75	1.500.000,00	1%	6%
TARGO BANK	814.638,89	1.000.000,00	8%	4%
	10.302.961,58	26.050.000,00	100%	100%

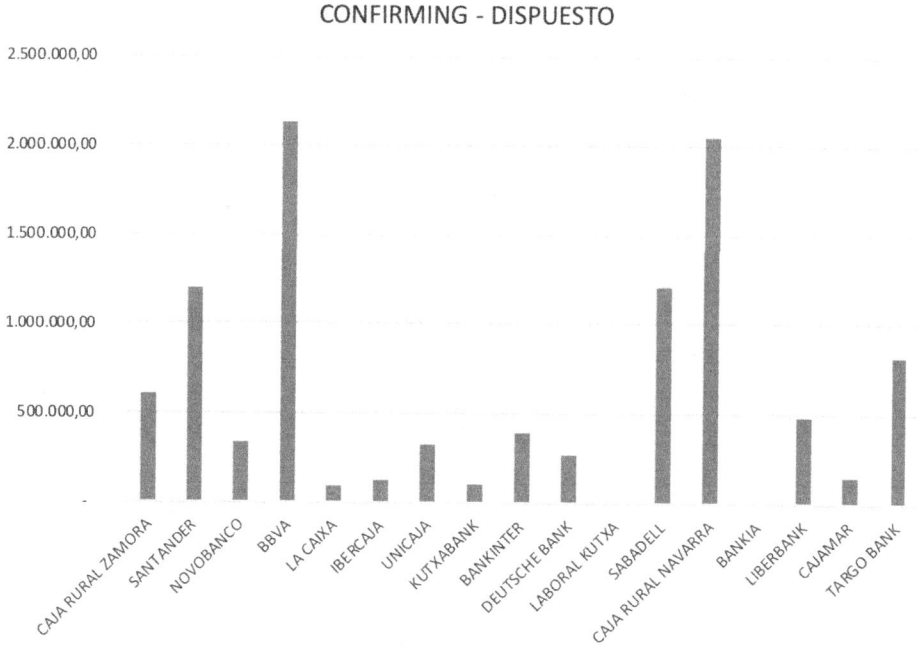

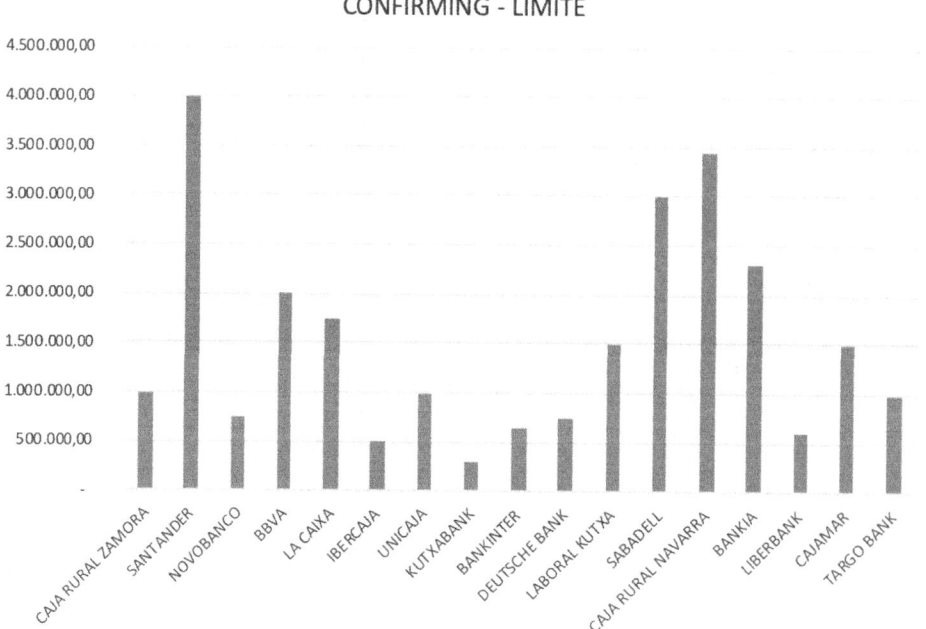

4.7 NEGOCIACIÓN BANCARIA-FICHA BANCO

El proceso de negociación tiene su momento culminante en las reuniones presenciales que se suelen mantener con cada entidad financiera.

Lo normal es reunirse con el banco, en la renovación anual de las líneas, donde se explica la marcha de la compañía, sus perspectivas de futuro, su política financiera y finalmente la definición concreta de sus relaciones con ese banco: aumento o no del límite de las líneas y fijación/revisión de precios.

Otras veces, dicha reunión se produce tras recibir el banco las cuentas anuales e informe de auditoría, y comentarlas personalmente. La reunión también se puede producir porque les hayamos solicitado alguna operación especial: línea de descuento, confirming o avales para algún proyecto en concreto, fuera de las líneas ordinarias y deseen aclaraciones al mismo o una explicación más detallada.

Y por último dicha reunión también se puede producir porque el banco la haya solicitado para intentar "vendernos" alguno de sus productos: planes de pensiones complementarios para el personal, seguros de todo tipo, cambio de divisa, coberturas médicas y/o gestión bursátil.

Sea cual sea la razón por la que vayamos a tener dicha reunión, hay varios puntos que deberemos cumplir y tener en cuenta para que dicha reunión resulte un éxito:

1. Preparemos la reunión

Independientemente de la razón de esta, debemos prepararla: elaborando toda la información necesaria para ello.

Básicamente se trata de tres cuadros resumen de datos, uno con todos los productos que tenemos con ese banco y sus precios.

Deberemos estudiar este cuadro para ver nuestra posición con este banco y valorar si queremos crecer o disminuir con él.

Veamos un ejemplo de este primer cuadro.

BANCO	Comisión Cancelación	Tipo de intereses	Comisión Apertura	FINANCIACIÓN	FECHA CONSTITUCIÓN	IMPORTE DISPUESTO	LÍMITE INICIAL	IMPORTE DISPONIBLE
BANKIA		0,6% anual	0,10%	AVALES	29/10/2014	2.475.000	2.500.000	25.000
		1,80%		CONFIRMING	29/10/2014	1.990.000	2.000.000	10.000
		0,95%		ANTICIPO DE FACTURAS	29/10/2014	1.125.415	5.500.000	4.374.585
		0,40% anual	0,15%	CUENTA CRÉDITO-EMPRESA 1	29/10/2014	400.000	1.400.000	1.000.000
		0,40% anual	0,15%	CUENTA CRÉDITO-EMPRESA 2	29/10/2014	500.000	400.000	-100.000
		0,40% anual	0,15%	CUENTA CRÉDITO-EMPRESA 3	29/10/2014	140.039	400.000	259.961
		0,40% anual	0,15%	CUENTA CRÉDITO-EMPRESA 4	29/10/2014	149.988	350.000	200.012
	0,15%	1 % FIJO	0,00%	PRÉSTAMO COVID-19 EMPRESA 1	23/04/2020	1.000.000	1.000.000	
	0,15%	1 % FIJO	0,00%	PRÉSTAMO COVID-19 EMPRESA 2	23/04/2020	1.000.000	1.000.000	
	0,15%	1 % FIJO	0,00%	PRÉSTAMO COVID-19 EMPRESA 3	23/04/2020	1.000.000	1.000.000	
	0,15%	1 % FIJO	0,00%	PRÉSTAMO COVID-19 EMPRESA 4	23/04/2020	1.000.000	1.000.000	
						10.780.442	16.550.000	5.769.558

Un segundo cuadro con la evolución en los tres últimos años de los gastos financieros con dicho banco.

Revisar si ha habido variaciones importantes, y estar preparados para lo que el banco pueda pedir en base a ello.

En este caso, hubo un importante incremento en el gasto financiero, del año 2017 al 2018 y posteriormente se mantiene en una cifra por encima de los 100.000 euros.

GASTOS FINANCIEROS BANKIA	2022	2021	2020	TOTAL	%
626 COMISIONES BANCARIAS	10.788,02	16.159,09	6.969,73	33.916,83	11,43%
661 COMISIONES AVALES	18.269,03	9.134,51	1.093,33	28.496,87	9,60%
662 INTERESES	73.900,43	80.075,80	80.313,10	234.289,33	78,96%
	102.957,48	**105.369,40**	**88.376,16**	**296.703,03**	**100,00%**

GASTOS FINANCIEROS BANKIA

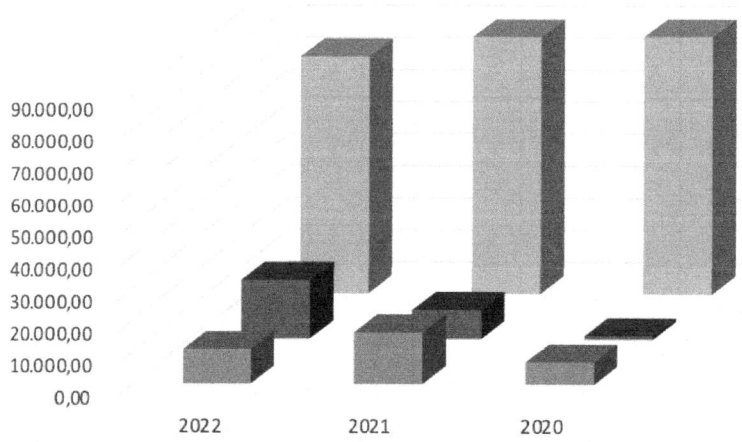

- 626 COMISIONES BANCARIAS
- 661 COMISIONES AVALES
- 662 INTERESES

Finalmente, el tercer cuadro indicará el peso específico de ese banco dentro de nuestro "pool" bancario.

Ya indiqué este cuadro en la página 96, en él podemos ver que este banco es el de mayor peso de todos con los que trabajamos, por lo que deberemos estar muy atentos a la reunión, y tratar de anticiparnos a lo que nos quieran proponer.

BANCO	LINEAS CIRCULANTE
BANKIA	16,5%
SANTANDER	14,6%
BBVA	12,6%
LA CAIXA	7,3%
SABADELL	6,1%
CAJA RURAL NAVARRA	5,6%
LABORAL KUTXA	5,6%
IBERCAJA	5,1%
LIBERBANK	4,5%
BANKINTER	4,4%
DEUTSCHE BANK	4,1%
BANKOA	4,0%
ABANCA	2,0%
CAJA RURAL DE ZAMORA	1,9%
POPULAR	1,9%
KUTXABANK	1,5%
TARGO BANK	1,0%
ABANCA	0,6%
UNICAJA	0,6%
	100,0%

Con todos los cuadros, nos reuniremos con el director financiero, los revisaremos y plantearemos cual va a ser nuestra estrategia en la reunión.

CUIDADO CON LAS REUNIONES INOFENSIVAS, esas en las que parece que el banco viene a cumplir el expediente y de repente aparece alguien de riesgos que nos somete a un interrogatorio de tercer grado. Es mejor estar preparado para todo y con la guardia lista.

Normalmente a este tipo de reuniones viene nuestro gestor, su jefe (director de la oficina o responsable de banca de empresas de la zona) y a veces el responsable del departamento de riesgos.

Por nuestra parte lo lógico es que vayamos el director financiero y nosotros, y si viene alguien de riesgos podemos llamar a nuestro "controller" contable que elabora el balance consolidado del grupo, para responder a sus preguntas más "técnicas" relacionadas con la contabilidad.

2. Hagamos esperar al banco

Cuando nos avisen que han llegado y la recepcionista los lleve a una sala, hagámosles esperar como mínimo 10 minutos.

Puede parecer una tontería, pero si acudimos de inmediato damos la impresión de ansiedad, y haciéndoles esperar indicamos donde están y que somos el cliente al que han de atender debidamente.

3. Estemos Tranquilos

Aunque tengamos una situación financiera complicada, y dependamos de esta reunión para conseguir algún préstamo, mostrar ansiedad y parecer nerviosos no ayudará en nada a nuestro objetivo si no todo lo contrario.

4. Seamos amables

Debemos lograr un ambiente en el que todo el mundo se encuentre cómodo y relajado, y nada mejor para ello que ofrecer café y agua.

También es importante no entrar directamente a tratar los temas laborales en la conversación, hablar de banalidades como el tiempo, tráfico, política o deportes también contribuye a relajar el ambiente, y es una buena forma de iniciar la reunión.

5. Que hablen ellos

Si es la entidad financiera la que ha convocado la reunión, lo mejor es que lleven ellos la iniciativa en la conversación, indicándoselo con un "vosotros diréis", para ver qué es lo que quieren.

En ocasiones en que necesitábamos algún préstamo u otro producto financiero, hemos tenido reuniones con bancos en las que nos han pedido que firmásemos con ellos, ese mismo producto que nos hacía falta. Lógicamente lo hemos hecho, pero haciéndoles ver que no era lo que queríamos, y que accedíamos a ello, por "hacerles" un favor.

De esa forma lográbamos un doble beneficio, firmar el producto que necesitábamos, y conseguir que el banco "nos debiera un favor", por acceder a sus peticiones, que realmente eran las nuestras, pero eso solo se logra si llevan ellos la iniciativa verbal.

Si somos nosotros los que hemos pedido la reunión por el motivo que sea, deberemos llevar la voz cantante y explicar el porqué de esta.

6. Poli bueno y poli malo

Hay que presionar en la negociación, de forma firme y continua, pero no hasta el extremo de ahogar a la otra parte. Negociar consiste en dialogar y realizar concesiones por ambos lados.

Para ello, es muy útil que uno de nosotros (el director financiero o el tesorero), tenga una postura más exigente e inflexible (poli malo) en la reunión y otro tenga una postura más flexible y dialogante, que permita llevar la negociación a buen puerto.

La coordinación para realizar dichos papeles debe ser perfecta y estar muy bien ejecutada, pero es muy eficaz y da buenos resultados. Puede tomar mayor protagonismo uno u otro en función de los mensajes de la otra parte.

7. No mentir, pero tampoco es imprescindible decir toda la verdad

No hay que mentir nunca a un banco, porque como dice el refrán: "se coge antes al mentiroso que al cojo". Si decimos a un banco que vamos a tener este año unas ventas de 100 MM y un EBITDA de 4 MM, debe ser cierto, porque si la desviación es mucha perderemos nuestra credibilidad y su confianza.

Ambos valores, credibilidad y confianza, aunque son intangibles, pesan mucho en la relación con los bancos, y son difíciles de mantener y fáciles de perder. Basta con una mentira o una gran desviación respecto al presupuesto enviado sin una explicación plausible para perder la confianza de la entidad financiera y a partir de ahí generar unas dudas nada beneficiosas para nuestro trabajo.

Pero de ahí a decirles toda la verdad a un banco, media un abismo. Por ejemplo, si tenemos un impago importante con un cliente, un problema de tesorería en una de nuestras filiales, hemos perdido un contrato con el que ya contábamos o nuestro mejor comercial se ha ido a la competencia, no son hechos que debamos comunicar a la banca, porque primero se pueden resolver durante el ejercicio sin que afecten a nuestra cuenta de resultados y por lo tanto levantaríamos una alarma por algo que no lo merece y segundo porque, como la locución latina de origen medieval indica: "excusatio non petita accusatio manifesta", "excusa no pedida acusación manifiesta".

Y además un suministro excesivo de información a la banca, sobre todo si no ha sido solicitado, lo único que acarrea son problemas, muchas veces por interpretaciones erróneas.

Suministremos la información justa y necesaria, sin sobreexcedernos.

8. Comunicación de malos resultados

Cuando alguno de los problemas indicados en el punto anterior u otro que no preveíamos se ha materializado y afecta directamente a nuestra cuenta de resultados, haciendo entrar a la compañía en pérdidas, debemos actuar y realizar como indiqué al comienzo de este capítulo una gestión proactiva con la entidad financiera. No podemos esperar a que esas pérdidas se reflejen en las cuentas anuales y en el informe de auditoría y enviárselo a los bancos sin más.

Habrá que comunicárselo a las entidades financieras antes del cierre del ejercicio y prepararlos para ello. Tener pérdidas no es una buena noticia obviamente, pero tampoco es el fin del mundo, porque hay muchas compañías que las tienen y los bancos continúan prestándoles dinero.

Pero lo que sí es una mala noticia es no saber el porqué de las perdidas, ni tener un plan para corregirlas en el siguiente ejercicio.

Debemos explicar las razones que nos han llevado a entrar en números rojos y como vamos a corregirlas en el siguiente ejercicio. Detallar los hechos concretos, como se produjeron, porque no estaban previstos y como hemos decidido actuar contra ellos para que no se repitan. Y si lo hacemos así, no debemos tener excesivos problemas, y lo digo por propia experiencia, como mucho uno o dos bancos pueden reducir sus líneas con nosotros, no más.

Y esta situación que obviamente es un problema y debe ser tratada con mucha delicadeza, es una oportunidad también para indicar unos planes que vamos a realizar y cumplirlos, demostrando así a la banca que somos una compañía fiable, al cumplir nuestras previsiones, y que sabemos actuar a tiempo y resolver situaciones comprometidas.

9. Pospongamos decisiones

No es adecuado tomar decisiones en la propia reunión. Si ellos nos ofrecen algo, no respondamos al momento, indiquémosles que lo estudiaremos y que les comunicaremos nuestra respuesta.

A la inversa, probablemente sucederá lo mismo, si les estamos pidiendo algo al banco, nos pedirá más información y la analizará antes de darnos una respuesta firme, para valorar todos los aspectos y tomar la decisión correcta de forma meditada, como nosotros deberemos hacer también.

10. Desconfiemos de los halagos

Ya lo he indicado anteriormente, pero quiero repetirlo de nuevo. Cuando un banco o una persona con la que trates profesionalmente te halaga, **peligro, alarma**, activa tus defensas y ponte en guardia, porque quiere que te relajes y tengas una predisposición más favorable para lo que va a decirte, que normalmente no será bueno para ti.

11. Que no lo logré

Escuchar tus sensaciones y hacerlas caso Circunscribimos nuestras decisiones a parámetros lógicos e informaciones numéricas, cuando en realidad, todos tenemos un "sexto sentido" al que hay que escuchar y hacer caso.

Lógicamente ese "sexto sentido" o sensación financiera, aumenta con la edad y experiencia, pero es muy importante estar atentos, escucharle y hacerle caso. Y si nos dice que no aceptemos una propuesta financiera aparentemente buena, pues no lo hagamos. Y si nos indica que aceptemos abrir cuenta con un banco, aunque su sucursal no esté en nuestra ciudad, hagámoslo. Sigamos nuestro instinto.

RECUERDA:

▶ El banco es un proveedor más. Hay bancos importantes con los que es imprescindible trabajar, aunque sea por imagen.

▶ Trabajemos con todos los bancos con los que podamos, para tener la mayor autonomía financiera posible.

▶ La relación con cada gestor es diferente, en función de cómo sea cada uno y lo que queramos de su banco.

▶ La deuda debe estar diversificada en el mayor número de productos posibles, e intentar minorarla.

▶ Hay que reducir los gastos financieros cada año, implementando las medidas necesarias para ello.

▶ Debemos preparar las reuniones con bancos y estar en guardia para todo lo que en ellas pueda suceder.

5

CLIENTES

La tesorería de la empresa se basa en su solvencia y en que se cobren las facturas emitidas en su correspondiente vencimiento, cosa que no siempre sucede. Esa continua dependencia de los pagos de los clientes genera una tensión difícil de soportar, pero con la que hay que saber convivir y trabajar.

Nunca te acostumbras a la incertidumbre que supone consultar a diario las cuentas bancarias en busca de los anhelados cobros. Ese momento en el que la pantalla parpadea, justo antes de mostrar el saldo y los movimientos de la cuenta, es la antesala de la alegría y la tranquilidad o de la preocupación y el nerviosismo. La duda acerca de la recepción de los fondos te corroe y puede llegar a bloquearte.

Comprobar que el cliente que nos confirmó que pagaba mintió es duro y te hace dudar, y si es alguien de nuestra propia empresa el que confirmó el cobro que no se produce, la duda es doble, en cuanto no sabes si la mentira es interna o externa.

No es fácil convivir con esto, pero hay que saber hacerlo. Siendo consciente, de que el único cobro seguro es el que ya se recibió en nuestra cuenta bancaria y que todos los demás están por confirmarse, y que la fiabilidad de pago de un cliente siempre es frágil y quebradiza.

Debemos ser profesionales y hacer todo lo que esté en nuestra mano para recibir el cobro en fecha, y si no se recibe, que no sea porque no hayamos presionado para ello. Adaptarnos, tener siempre alternativas y ser pragmáticos. Estar continuamente quejándonos de la morosidad y los incumplimientos de los clientes no aportan nada, salvo desahogar nuestra frustración. A veces es necesario, pero lo importante es rehacernos rápidamente del quebranto que supone no recibir un cobro con el que contábamos, poner en marcha las alternativas financieras previstas y seguir adelante. Y obviamente continuar reclamando el cobro de nuestras facturas, de la forma más efectiva posible, recurriendo cuando sea preciso al departamento jurídico para ello.

Y por esto, el presupuesto de tesorería no puede depender totalmente de un cobro confirmado verbalmente por un cliente. Porque para el cliente, lo primero y más importante es su tesorería y siempre en segundo lugar estará la nuestra. Por lo que hay que ser escéptico y precavido, y solo creer que se recibirá el ingreso cuando veamos su importe en nuestra cuenta bancaria.

"El cliente siempre tiene la razón", es una gran frase sin lugar a duda, y efectivamente debe ser así, pero siempre y cuando pague a tiempo lo que nos debe.

El departamento financiero y principalmente el tesorero, debe hacer una labor educativa y de concienciación para el resto de los departamentos de la enorme importancia que tiene el cobrar a tiempo las facturas emitidas. Frases como "venta y cobro no es lo mismo", "la obra/venta termina cuando se cobra la última factura", deberían estar escritas en las paredes de todas las oficinas y hacer camisetas con ellas.

5.1 ¿CUÁNTOS CLIENTES NECESITAMOS?

Es muy importante que todo el personal de la empresa tenga bien clara la respuesta, en caso contrario habrá problemas.

Necesitamos todos aquellos clientes a los que podamos prestar un buen servicio y tengan solvencia financiera para pagarnos. Si no se cumplen estas dos premisas es mejor no tenerlos como clientes, porque si no les podemos prestar un buen servicio, tampoco les podremos exigir que paguen en el vencimiento, y si no son solventes financieramente, nos pueden causar graves problemas.

Normalmente los departamentos comerciales/producción discrepan de estas exigencias, ya que ellos siempre quieren incrementar las ventas como sea, y no les preocupa tanto la solvencia financiera del cliente como el obtener un nuevo contrato, y si además el cliente es nuevo, mejor.

Por todo esto, hay que tener bien definido y delimitado el proceso de licitación de nuevos proyectos y la contratación con nuevos clientes, que deberá pasar ineludiblemente un filtro financiero para su aprobación. Ya veremos en el punto 5.3 Riesgo Crediticio cual debe ser ese procedimiento de limitación al riesgo con cada cliente y como debe ser nuestra aportación al mismo.

Pero es **muy importante** que todos los departamentos tengan claro el procedimiento a seguir y que se cumpla a rajatabla, de lo contrario tendremos problemas. Y el procedimiento es muy sencillo: para que se realice un trabajo para un nuevo cliente, el departamento financiero deberá dar su aprobación tras consultar su solvencia financiera y el departamento jurídico deberá aprobar el contrato que se vaya a firmar. Si esto no se cumple, simple y llanamente no se realiza el trabajo.

Y si por las razones que sea, nos imponen el incumplimiento de estas premisas, nosotros como tesoreros y departamento financiero deberemos simplemente avisar del riesgo que la empresa asume con esta decisión errónea, y que NO SOMOS RESPONSABLES de lo que pueda suceder porque se han desatendido nuestros consejos. Es decir que no nos podemos comprometer a garantizar la liquidez de la empresa, si no se atiende a nuestros consejos, simple y llanamente.

5.2 FACTURAS PENDIENTES DE COBRO

Este es un apartado ingrato y desagradable, pero sobre el que es totalmente necesario actuar debidamente para poder cobrar la nómina mensualmente, que eso si es del agrado de todo el mundo.

A nadie le gusta reclamar deudas, ni siquiera las personales: es molesto recordarle a un amigo o familiar que nos pague el dinero que nos debe. En la empresa sucede lo mismo, normalmente se rehúye hacerlo, pero es necesario, y para reclamar correctamente la deuda a tiempo, e incluso antes para evitar problemas, hay que involucrar al personal de los departamentos de producción y comercial, además del financiero, por varios motivos:

1. Cuanta más gente haya involucrada en la reclamación del cobro, mejor será la presión realizada y mayor la probabilidad de que se produzca antes el mismo.

2. Es muy importante que todo el personal de la empresa entienda la importancia de cobrar a tiempo todas las facturas emitidas e introducirles en esa cultura financiera, para que trabajen siempre con la perspectiva de la importancia de que nuestros clientes cumplan correctamente sus compromisos de pago y atiendan sus vencimientos a su debida fecha.

3. El personal de producción/comercial normalmente conoce personalmente al cliente y puede ejercer una mayor presión para que se produzca el cobro.

Las excusas que se suelen argumentar para rechazar involucrarse en la gestión del cobro son:

1. Eso no es de mi departamento, es de finanzas.

2. Si no pagan, es porque no tienen la factura, que llame administración.

3. Lo mío es hacer la obra, cerrar la venta o terminar el proyecto. Lo de cobrar no es cosa mía.

Ante esto, las respuestas son bien claras: todo el personal de la empresa trabaja por y para cobrar la nómina y para ello todo el personal debe trabajar por y para cobrar las facturas que se emitan. Porque de que se cumplan todos los cobros depende que se realicen todos los pagos, incluido el de la nómina.

La mejor forma para sistematizar el reclamo a los clientes de las facturas pendientes de pago es el envío semanal por nuestra parte de un listado con todas las facturas vencidas pendientes de cobro al responsable del departamento de producción y/o departamento comercial para que las envíe a cada responsable de nuestra organización que trata con cada cliente y que este reclame el cobro.

Si nuestra empresa es una empresa que vende productos, será el comercial que cerró la venta con el cliente el que deberá reclamar el pago de la factura. Si nuestra empresa realiza obras, deberá ser el responsable de la obra, que trata con el cliente el que le reclame el pago de la factura pendiente.

El listado se debe enviar el mismo día, todas las semanas y tendrá dos partes: las facturas vencidas pendientes de cobro y las que vayan a vencer en el futuro, para tener una visión más global de todas las facturas pendientes de cobro con cada cliente. Y poder comprobar, si hay problemas con uno de ellos, qué facturas nos debe pagar en el futuro y tener así una perspectiva más amplia de su deuda total actual, y no solo de las facturas vencidas.

Aunque tengamos pagarés o confirmings de las facturas, deberemos incluirlas en el listado, porque hasta que no se cobre el pagaré o se reciba transferencia por el confirming, no estará cobrada la factura. Pero sí deberá figurar en el listado que tenemos un documento de cobro de esa factura para que el comercial/jefe de obra no reclame el pago de esta. Además, así se verá si el cliente que envía pagare o confirming ha enviado el mismo por todas las facturas que nos debe o solo de unas sí y de otras no.

También es conveniente que se incluyan los comentarios dados por los clientes al reclamarle el pago de la factura en el listado que enviemos, es decir, si un cliente nos comunica que nos pagará el día 26, registremos ese comentario en la línea de la factura para que, si llegado ese día no nos paga, al día 27 se le esté llamando de nuevo. En los programas (ERP) que se usan habitualmente en las empresas, se pueden grabar este tipo de comentarios en el campo de cada factura y luego aparecen los mismos en el listado de facturas pendientes de cobro que deberemos generar a diario.

Es conveniente también que ese listado figure ordenado por fecha de vencimiento: de más antiguo a más reciente, es decir, que aparezcan primero las facturas más antiguas y marcadas en amarillo aquellas que acumulan un retraso de más de 30 días en el cobro, debiendo ser estas lógicamente las primeras que se reclamen.

Veamos un ejemplo de la primera parte del listado, las facturas vencidas pendientes de cobro:

INFORME DE DESGLOSE DE FACTURAS PENDIENTES DE COBRO DE CLIENTES
03/10/2022

Nombre Cliente	Jefe de Proyecto	Nº Factura	Fecha Factura	Importe Factura	Días retraso	Fecha Vcto.	INFORMACIÓN ADICIONAL		
							Tipo Cobro	Fecha Vcto.	Banco
ATOMIC RELATION PROPULSION SLU	ROBERTO RODRÍGUEZ VESGA	20219308D	26/12/2021	8.278,09	212	05/03/2022			
RESIDUOS ENERGÉTICOS SILENCIOSOS	EUGENIO GURIENDEZ SOLO	20213067	26/12/2021	11.882,00	207	10/03/2022			
NERVIÓN PROPULSORES MARÍTIMOS	FELIPE COLINAS ABAJO	20210303	18/02/2022	7.660,53	163	23/04/2022			
SOLUCIONES PETROLÍFERAS ACUOSAS	EVA MARÍA MARCHO LEJOS	20221466	29/06/2022	10.579,31	31	02/09/2022			
SOLUCIONES PETROLÍFERAS ACUOSAS	EVA MARÍA MARCHO LEJOS	2022463	29/06/2022	28.220,55	31	02/09/2022			
SOLUCIONES PETROLÍFERAS ACUOSAS	FELIPE COLINAS ABAJO	20221492	05/07/2022	20.656,57	30	03/09/2022			
TALLARES GATUSO&LOLA	FARICIO MAR PROFUNDO	20221525	07/07/2022	38.021,86	28	05/09/2022			
SOLUCIONES PETROLÍFERAS ACUOSAS	EVA MARÍA MARCHO LEJOS	20221460	30/06/2022	9.822,60	25	08/09/2022			
SOLUCIONES PETROLÍFERAS ACUOSAS	EVA MARÍA MARCHO LEJOS	20221459	30/06/2022	10.876,96	25	08/09/2022			
EÓLICA URUGUAYA	ROBERTO RODRÍGUEZ VESGA	20221495	07/07/2022	9.661,67	23	10/09/2022	CONFIRMING	15/10/2022	BBVA
PROPULSORES GUZMAN Y JIMENA	ROBERTO RODRÍGUEZ VESGA	20221838	07/07/2022	28.064,12	23	10/09/2022	CONFIRMING	15/10/2022	BBVA
PROPULSORES GUZMAN Y JIMENA	ROBERTO RODRÍGUEZ VESGA	20221839	07/07/2022	26.785,06	23	10/09/2022	CONFIRMING	15/10/2022	BBVA
PROPULSORES GUZMAN Y JIMENA	ROBERTO RODRÍGUEZ VESGA	20221830	07/07/2022	28.571,09	23	10/09/2022	CONFIRMING	15/10/2022	BBVA
PROPULSORES GUZMAN Y JIMENA	ROBERTO RODRÍGUEZ VESGA	20221835	07/07/2022	32.697,89	23	10/09/2022	14/09/2020	Pdte aceptación	Clara Fernandez 915 23 07 84
PROPULSORES GUZMAN Y JIMENA	ROBERTO RODRÍGUEZ VESGA	20221840	07/07/2022	34.168,83	23	10/09/2022	CONFIRMING	15/10/2022	BBVA
PROPULSORES GUZMAN Y JIMENA	ROBERTO RODRÍGUEZ VESGA	20221836	07/07/2022	39.302,59	23	10/09/2022	CONFIRMING	15/10/2022	BBVA
PROPULSORES GUZMAN Y JIMENA	ROBERTO RODRÍGUEZ VESGA	20221825	07/07/2022	41.118,49	23	10/09/2022	CONFIRMING	15/10/2022	BBVA
PROPULSORES GUZMAN Y JIMENA	ROBERTO RODRÍGUEZ VESGA	20221832	07/07/2022	42.118,49	23	10/09/2022	CONFIRMING	15/10/2022	BBVA
PROPULSORES GUZMAN Y JIMENA	ROBERTO RODRÍGUEZ VESGA	20221826	07/07/2022	45.626,39	23	10/09/2022	CONFIRMING	15/10/2022	BBVA
PROPULSORES GUZMAN Y JIMENA	ROBERTO RODRÍGUEZ VESGA	20221834	07/07/2022	52.650,09	23	10/09/2022	CONFIRMING	15/10/2022	BBVA
MOTORES BERTRAN RUSSEL	ALFONSO BARTIARTE EGUIZABAL	20221978	07/07/2022	15.286,73	23	10/09/2022	PAGARE	15/11/2022	MONTE PIASCHI

Obviamente tenemos un problema con las cinco primeras facturas, que acumulan un retraso en el cobro de más de cinco meses en el caso de las tres primeras. Pero esto no es lo peor, lo peor es que no hay ningún comentario acerca de ello en el apartado de información adicional, lo cual quiere decir dos cosas: no se ha hecho aún ninguna reclamación al cliente o se ha hecho y no está grabada en el informe. Ambas situaciones son graves y preocupantes y deberemos reclamar sobre ellos al responsable al que enviamos el informe, para que interpele a los jefes del proyecto de cada una de esas facturas.

Las cuatro siguientes facturas están también vencidas y pendientes de cobro, aunque no acumulan más de treinta días de retraso en el cobro sobre su vencimiento. Tampoco tienen comentario acerca de las gestiones realizadas para su cobro.

De las siguientes cuatro facturas, tenemos un confirming del BBVA que indica que nos pagarán el 15/10 como aparece en información adicional, así que no se debe reclamar su cobro, porque en esa fecha recibiremos la correspondiente transferencia.

La factura situada en la posición decimocuarta tiene un comentario que indica que está pendiente de aprobar por el gestor del cliente Clara Fernández, figurando su teléfono.

Por las seis siguientes facturas tenemos confirming, que nos indica que cobraremos el 15/10, por lo que no hay que hacer nada con ellas, salvo esperar al vencimiento para recibir su cobro.

Y por la última factura tenemos, tal y como figura en información adicional, un pagaré para ser cobrado con vencimiento 15/11. Son 65 días más tarde de su vencimiento original, por lo que deberemos indicárselo a su gestor, para que le pregunte por ello al cliente y no lo repita, así como estar atentos al 15/11 para ingresar el pagaré en el banco.

Continuemos ahora con un ejemplo de la segunda parte del listado, las facturas que vencen en los próximos 30 días:

INFORME DE DESGLOSE DE FACTURAS VENCEN PRÓXIMOS 30 DÍAS
3/10/22

Nombre Cliente	Jefe de Proyecto	Nº Factura	Fecha Factura	Importe Factura	Días a vencimiento	Fecha Vcto.	INFORMACIÓN ADICIONAL		
							Tipo Cobro	Fecha Vcto.	Banco
PROPULSORES GUZMAN Y JIMENA	EVA MARÍA MARCHO LEJOS	20221936	05/08/2022	38.838,74	1	04/10/2022	CONFIRMING	28/10/2022	BBVA
MANTENIMIENTO INDUSTRIAL MONTES EUROPA	ROBERTO RODRÍGUEZ VESGA	20221924	01/08/2022	10.129,20	2	05/10/2022	CONFIRMING	28/10/2022	BBVA
PROPULSORES GUZMAN Y JIMENA	EVA MARÍA MARCHO LEJOS	20221937	05/08/2022	151.432,93	6	09/10/2022	CONFIRMING	28/10/2022	BBVA
ASOCIACIÓN ENERGÉTICO VALDEMORO	CARLOS MONTES ARRIBAS	20221962	05/08/2022	31.058,57	6	09/10/2022	CONFIRMING	05/12/2022	BBVA
MOTORES BERTRAN RUSSEL	ALFONSO BARTIARTE EGUIZABAL	20221978	10/08/2022	15.286,73	6	09/10/2022	PAGARE	15/01/2022	MONTE PIASCHI
POWER GENERATION OVERSIZES	EUGENIO GURIENDEZ SOLO	20221892	12/08/2022	16.927,34	8	11/10/2022			
MOLINOS ALBERTO&CASADO SA	ROBERTO RODRÍGUEZ VESGA	20221947	14/08/2022	7.553,00	10	13/10/2022			
CERVEZAS LA EXPLOSIVA	AGUSTON DE LA VEGA SOLANA	20221894	05/08/2022	10.183,65	11	14/10/2022	CONFIRMING	15/11/2022	BANKINTER
PROPULSORES GUZMAN Y JIMENA	ALFONSO BARTIARTE EGUIZABAL	20221984	05/08/2022	47.324,85	11	14/10/2022	CONFIRMING	25/11/2022	BBVA
MOTORES BERTRAN RUSSEL	ALFONSO BARTIARTE EGUIZABAL	20221979	10/08/2022	37.278,17	11	14/10/2022	PAGARE	31/12/2022	SAN BERNARDO
MANTENIMIENTO INDUSTRIAL MONTES EUROPA	ROBERTO RODRÍGUEZ VESGA	20221940	01/08/2022	12.516,80	12	15/10/2022	CONFIRMING	28/10/2022	BBVA
POWER GENERATION OVERSIZES	EUGENIO GURIENDEZ SOLO	20221891	12/08/2022	18.448,53	13	16/10/2022			
MOLINOS ALBERTO&CASADO SA	ROBERTO RODRÍGUEZ VESGA	20221944	14/08/2022	9.575,76	15	18/10/2022			
RESIDUOS ENERGÉTICOS SILENCIOSOS	FELIPE COLINAS ABAJO	20221863	05/08/2022	11.908,54	16	19/10/2022	CONFIRMING	17/01/2022	BSCH
POWER GENERATION OVERSIZES	EUGENIO GURIENDEZ SOLO	20221890	12/08/2022	28.260,28	18	21/10/2022			
RESIDUOS ENERGÉTICOS SILENCIOSOS	ROBERTO RODRÍGUEZ VESGA	20221930	05/08/2022	22.640,17	21	24/10/2022	CONFIRMING	28/10/2022	BBVA
POWER GENERATION OVERSIZES	EUGENIO GURIENDEZ SOLO	20221893	12/08/2022	18.140,47	28	31/10/2022			
PROPULSORES GUZMAN Y JIMENA	ROBERTO RODRÍGUEZ VESGA	20221920	12/08/2022	9.580,22	28	31/10/2022			
PROPULSORES GUZMAN Y JIMENA	ROBERTO RODRÍGUEZ VESGA	20221949	12/08/2022	21.175,77	28	31/10/2022			
MOLINOS ALBERTO&CASADO SA	ROBERTO RODRÍGUEZ VESGA	20221948	14/08/2022	10.148,24	30	02/11/2022			

Aparentemente no hay que hacer nada con las facturas que vencen en los próximos treinta días. De nueve de ellas ya tenemos confirming que nos asegura el cobro en el vencimiento indicado y por otras dos tenemos pagarés que debemos ingresar en el banco a su vencimiento, aparentemente sin problema alguno.

Para las siguientes facturas aún faltan como mínimo 28 días para que venzan, por lo que podemos esperar. Además, no son de importes elevados.

Sin embargo, hay algo curioso con las dos facturas que marco en verde. Están emitidas al cliente Residuos Energéticos Silenciosos y aunque no han vencido, ya tenemos confirming por ellas, que nos asegura su cobro. Sin embargo, tenemos una factura con este mismo cliente en el anterior listado de facturas vencidas pendientes de cobro que acumula un retraso en el cobro de 207 días, siendo la segunda más antigua de todas las facturas que tenemos vencidas pendientes de cobro.

No parece tener mucho sentido, que el mismo cliente nos vaya a pagar correctamente dos facturas cuando tenemos con él, una pendiente con un enorme retraso. Quizás se deba a que se trata de proyectos diferentes porque nuestro responsable en la factura vencida Eugenio Guriendez es diferente de los responsables de las dos facturas por las que nos han enviado confirming.

Deberemos indicar esto la próxima vez que enviemos el informe, por si puede ayudar a aclarar el problema y cobrar la factura.

Estas son las cosas a las que debemos estar atentos.

5.3 RIESGO CREDITICIO

5.3.1 Riesgo de nuevos clientes

Cuando se va a comenzar a trabajar con un nuevo cliente, evidentemente existe un riesgo por el desconocimiento del mismo, su solvencia, su trayectoria y las posibilidades de que nos pueda presentar problemas.

Nuestro deber como tesoreros es minimizar ese riesgo lo máximo posible, averiguando información sobre él, para tomar una decisión correcta.

Se deberá tener la aprobación del departamento financiero para comenzar a trabajar con el nuevo cliente, basada en la información que hayamos recopilado.

"La información es poder", "los datos son el new oil" (nuevo petróleo), esta frase tan expresiva indica la importancia de obtener una información de calidad de forma ágil, y compartirla rápidamente dentro de nuestra compañía.

Hay diferentes medios para conocer la solvencia de un nuevo cliente con el que vamos a comenzar a trabajar:

A. Registro mercantil

Podemos dirigirnos al registro y obtener las cuentas anuales del nuevo cliente con el que queremos comenzar a trabajar.

Es un buen método, que nos permitirá conocer si el posible cliente inscribe sus cuentas en el Registro y la situación de dicha empresa. El problema es que la información no está actualizada. Las cuentas anuales de un ejercicio se registran en el Registro en julio del siguiente año, por lo que, estaremos teniendo acceso a la información acerca del estado de esa sociedad como mínimo siete meses antes de la fecha actual.

Pero será información válida, al estar auditada, y mostrará la evolución de la compañía durante los últimos ejercicios, pero repito, no será actual.

B. Plataformas de informes empresariales

Hay plataformas como:

https://www.informa.es/informes/empresas
https://www.axesor.es/Informes-Empresas/
https://www.iberinform.es/

Que proporcionan información comercial y financiera de cualquier tipo de empresa.

Normalmente basan su información en las últimas cuentas anuales presentadas. Pueden suministrarnos algún dato más actual y en estos casos siempre es bueno todo lo que podamos saber, pero trabajan con miles de empresas y la información es muy general.

Lo interesante es que en ellas se puede comprobar si el posible nuevo cliente está registrado en alguno de los listados de morosos como el R.A.I. (Registro de Aceptaciones Impagadas) con un pequeño coste adicional al de las otras consultas. Y también poder obtener directamente sus cuentas anuales inscritas en el registro al instante, pudiendo combinar ambas informaciones desde la misma plataforma.

C. Preguntar a nuestros bancos

Si trabajamos con un gran número de bancos, como ya recomendé en el punto 4.1 ¿Cuantos bancos necesitamos?, y tenemos una buena relación/comunicación con ellos, siempre podemos llamar a nuestro gestor y preguntarle por el nuevo cliente con el que queremos empezar a trabajar.

Si este posible nuevo cliente trabaja con el mismo banco que nosotros, nuestro gestor nos podrá informar acerca de su situación financiera y solvencia crediticia.

Los bancos siempre manejan información actual y fiable de sus clientes y saben de manera actualizada el estado financiero de los mismos. Por ello es la mejor opción posible, ya que con una simple llamada y con coste cero e inmediatez absoluta tendremos información fiable que poder transmitir, y con la que tomar la decisión correcta.

Obviamente para ello, además de trabajar con muchos bancos para poder encontrar siempre uno con el que también trabajé nuestro futuro cliente, hemos de "cultivar" la relación con nuestro gestor hasta tener un grado de confianza en el que poder solicitarle esta información, como ya expliqué en apartado 5 bancos y política financiera.

5.3.2 Riesgo de clientes existentes

¿Cuándo es el momento de dar la voz de alarma acerca de la morosidad de un cliente habitual?, es una pregunta complicada pero que tiene una respuesta muy simple, en el mismo instante en que pensemos que debemos hacerlo.

Se pueden realizar elaborados cálculos o aplicar múltiples ratios y % de morosidad respecto a facturación, pero nuestra responsabilidad es dar la voz de alarma a la mínima señal de impago, porque por muy pequeña que sea esa señal, por muy pequeño que sea el importe de la factura impagada o por muy pocos que sean los días de retraso respecto al vencimiento, puede ser como un iceberg, y mostrar solo la punta de un problema mayor. Y la diferencia entre dar la alarma "un segundo antes o un segundo después marca la diferencia entre ganar o perder, entre cobrar o tener un impago".

Y si no hay problema, no debe existir señal de ello, es mucho mejor en estos casos pecar de exceso de celo, y de prudencia, que no de llegar con retraso a dar el aviso y generar un problema mayor, que se pudiera haber evitado a tiempo de haber dado antes la voz de alarma.

Además, no solo hay que tener en cuenta las facturas actuales que tengamos vencidas pendientes de cobro con este cliente, sino también las tengamos a punto de vencer y las que aún no hemos emitido.

RECUERDA:

- Debemos educar sobre la importancia de cobrar a tiempo las facturas emitidas.

- Hay que tener bien definido el proceso de licitación de nuevos proyectos y la contratación con nuevos clientes.

- Semanalmente enviaremos informe de facturas vencidas y próximas a vencer para su reclamación.

- ¿Cuándo hay que avisar por morosidad de un cliente habitual? En el mismo instante que lo pensemos.

6

FILIALES EN EL EXTRANJERO

Desde hace ya tiempo, la internacionalización es parte fundamental del desarrollo de las empresas. En un mundo totalmente globalizado, cualquier compañía debe tener presencia en el extranjero.

Además, la diversificación que también es vital en el desarrollo y supervivencia de las empresas apoya este proceso de expansión internacional. Ya que, igual que las compañías diversifican en sectores, productos y clientes, también deben diversificar en países y regiones para tratar de ser más competitivas, y cumplir el refrán de *"no pongas todos los huevos en la misma cesta"*.

Pero este proceso, aparentemente tan maravilloso, conlleva riesgos y dificultades, tanto productiva, como financieramente. Y nosotros, como tesoreros, debemos intentar minimizar esos riesgos lo máximo posible, estableciendo mecanismos de control para ello, y teniendo claro cómo deben ser los procesos de internacionalización.

Hay cuatro puntos críticos a tener en cuenta, para gestionar correctamente, tanto financiera como administrativamente una filial, y deberemos prestarles la máxima atención posible.

Porque una gestión ineficiente en uno o varios de ellos puede acarrear unas pérdidas importantes, afectando seriamente la propia marcha del grupo. No sería la primera vez, ni la última, que la creación de una filial en el extranjero y los problemas derivados de ello, hagan caer al grupo que la puso en marcha.

Y ese es otro aspecto previo a tener en cuenta, el no dar la importancia necesaria a la/s filial/es, pensando en ellas como algo "secundario", cuando pueden afectar enormemente a la evolución del Grupo, tanto positiva, como negativamente.

6.1 ORGANIZACIÓN ADMINISTRATIVA

Hay que tener en cuenta cuatro aspectos dentro de la organización administrativa de la filial:

6.1.1 Abogados locales - asesoría

Lo primero es la constitución legal de la filial. Para ello habrá que tener claro el % de participación que vamos a tener en ella y si participan en su accionariado socios locales, que suele ser una buena idea, porque conocen el país y tienen contactos que nos pueden ayudar a desarrollar la actividad.

También hay que definir quienes serán los cargos de la filial: gerente y apoderados, y qué poderes se le van a otorgar al gerente. Obviamente este es un tema muy delicado, porque el gerente, o es un trabajador de la casa matriz expatriado o una persona local. En ambos casos deberán tener poderes, pero con límites, porque si la actividad de la filial crece, y la controlan totalmente pueden llegar a disponer de fondos demasiado elevados.

Lo ideal es darle poderes limitados, para representar a la filial en conflictos laborales, firmar contratos y realizar algunas operaciones, pero no el control absoluto de las cuentas bancarias, que es mejor que radique en la central.

Aunque el gerente sea una persona de confianza desplazada al país de la filial, el estar allí, lejos de su domicilio, puede cambiarle y transformarle, por lo que es mejor que el control final de la filial se mantenga en la central, aunque ello nos suponga más carga de trabajo.

La constitución la deberemos realizar guiados por un despacho de abogados locales, o de firma extranjera radicada allí. Lo idóneo es que nos recomiende uno nuestros abogados de la casa matriz o nuestros socios locales. No es aconsejable trabajar con un despacho sin recomendación previa.

Obviamente desconocemos la legislación del país donde va a desarrollar su actividad nuestra filial, por lo que necesitamos también de una asesoría que elabore las nóminas e impuestos de nuestra filial, que sea ordenada, rápida, seria, eficaz, con reputación contrastada, transparente y barata. Vamos, un imposible.

A veces el propio despacho de abogados con el que hemos creado la filial, puede ser también este tipo de asesoría, en ese caso lo mejor es seguir con ellos. Si no es así, no podemos buscar la asesoría al azar, las mejores opciones para escogerla son:

1. Preguntar a los abogados con los que constituimos la filial.

2. Preguntar a nuestros socios locales.

Dependiendo de la actividad inicial de la filial, y si tenemos o no oficinas propias, a veces, se suele indicar inicialmente como sede de esta la propia dirección de nuestros asesores, para que les lleguen a ellos las facturas que recibiremos.

Posteriormente, organizaremos una estructura administrativa para compartir esa información de facturas y gestionar su contabilización, aprobación y pago.

6.1.2 Estructura administrativa

El principal punto en este asunto es saber que estructura administrativa vamos a tener en el país. Obviamente ello lo definirá la carga de trabajo que tenga la filial.

Podemos tener desde oficinas propias con personal administrativo, y obras activas con más administrativos en ellas, hasta ningún trabajador propio.

La pregunta clave en ambos casos, es ¿quién y donde hará los pagos? He vivido enormes deliberaciones internas por este asunto, principalmente por dos obras muy importantes que desarrollamos en un país sudamericano bastante conflictivo, en el que todos los asesores nos aconsejaban realizar los pagos desde el propio país.

Finalmente realizamos los pagos desde España, pero la tensión creada al tomar esa decisión me provocó una arritmia, que me llevo a urgencias. Estuve varios años visitando al cardiólogo, a pesar de ello, considero que hicimos lo correcto y que tener el control de los pagos de la filial en la empresa matriz fue lo mejor.

Como ya he mencionado anteriormente, el estar desplazado tan lejos de casa, transforma a las personas y es mejor que el control del flujo financiero permanezca en el país de la matriz, aunque ello te obligue a estar realizando transferencias de anticipos a operarios a la 1:05 AM, porque si no abandonaban la obra.

Para entender mejor la transformación que se puede sufrir, recomiendo leer el libro El corazón de las tinieblas – 1899-, de Joseph Conrad y ver la película que dicho libro inspiró: Apocalypse Now- 1979- de Francis Ford Coppola. Se trata de un gran libro y la película está a la altura del mismo.

De todas formas, se pueden crear cuentas que controlemos desde la metrópoli y cuentas que controlen los administrativos de la filial. A esas cuentas se transferirán fondos desde la central para que los administrativos locales dispongan de ellos.

Se pueden definir poderes máximos para las contraseñas que se usen en el país origen, y poderes más reducidos para las contraseñas que se usen en el país de la filial.

Para las facturas de proveedores: su recepción, revisión, aprobación y pago. Y para las facturas de clientes. Y las nóminas, impuestos y extractos bancarios, lo mejor es usar una plataforma electrónica como box o similar donde figure toda la documentación escaneada y se vaya traspasando de carpeta *recibidas* a carpeta *aprobadas* y finalmente a carpeta *pagadas*.

Los accesos a esas carpetas deberán ser limitados y circunscritos única y exclusivamente a las personas que participen en todo este circuito administrativo: asesores contables y fiscalistas, administrativos locales, gerentes y/o jefes de obra/proyecto y administrativo/tesorero de la empresa matriz que serán finalmente quienes realicen los pagos, tras completar el circuito administrativo que definamos y que la factura tenga las aprobaciones precisas para ello.

Y como siempre **ante la más mínima duda, no pagar**, solo cuando se tenga absoluta certeza del pago, proceder a la realización de este, y depositar los correspondientes justificantes en la susodicha plataforma para contabilización de estos por los asesores, y disposición del comprobante de pago para los administrativos locales.

6.1.3 Presupuesto de tesorería

Como ya indiqué en el apartado 3 del libro, lo más importante de nuestro trabajo es tener un presupuesto de tesorería mensual, cuanto antes nos sea posible, con cifras realistas y que nos dé una visión clara de la posición financiera de la empresa en los próximos 30 días. Para poder tomar si fuera necesario, con la suficiente antelación, las medidas necesarias para garantizar el cumplimiento de los compromisos de pago.

En el caso de las filiales ocurre exactamente lo mismo. Porque ¿para qué se crea la filial en el extranjero, con todo el trabajo que ello acarrea? Pues simple y llanamente para ganar dinero y poder "repatriar" fondos de ella, cuanto antes mejor.

Y ¿cómo saber si tenemos excedentes de tesorería y podemos repatriarlos?, pues igual que con la empresa matriz, con un presupuesto de tesorería mensual, con cifras realistas y que nos dé una visión clara de la posición financiera de la filial.

Y llegados a este punto, la pregunta lógica es ¿quién hace el presupuesto de tesorería de la filial?, que en el fondo es la clave de este asunto, como tantas veces lo es de otros muchos, ¿a quién corresponde esta tarea?, y su respuesta es vital para que el presupuesto sea correcto y el trabajo se realice correctamente.

No hay una única respuesta sino dos:

1. La filial

Si la filial tiene mucha actividad, dispondremos de personal administrativo allí y lo mejor es que hagan ellos el presupuesto.

Debe ser como el que realizamos para la matriz, que ya expliqué en el capítulo 3 del libro.

Pero será más sencillo de realizar, porque lo normal es que la filial no disponga de medios de financiación, por lo que no deberemos tener en cuenta la disponibilidad de las cuentas de crédito, al no existir estas.

Normalmente se realizará simplemente con los saldos en cuentas bancarias, menos gastos previstos más cobros previstos. A no ser que haya algún cliente que nos pague con confirmings que podamos ejecutar, los que entonces deberemos tener en cuenta. Mejor dicho, el personal administrativo de la filial lo deberá tener en cuenta a la hora de elaborar el presupuesto que luego nos enviará.

2 La matriz

En el caso de que no tengamos mucha actividad en la filial, nosotros mismos deberemos realizar el presupuesto de tesorería, siguiendo el mismo esquema indicado en el punto anterior: saldos en cuentas bancarias, menos pagos previstos más cobros previstos.

Obviamente para ello deberemos tener todas las facturas emitidas a clientes y todas las recibidas de proveedores, y simplemente calcularemos el número, para saber si debemos enviar fondos a la filial o repatriarlos.

En mi caso actual, tenemos filiales con ambas situaciones: con mucha actividad, que nos envían presupuesto de tesorería mensual, siempre antes del día 8 de cada mes. O filiales con poca actividad, de las que nosotros mismos realizamos el presupuesto. En ambos casos el objetivo final es siempre el mismo: conocer cuanto antes si debemos enviar o repatriar fondos.

6.1.4 Banco local

¿Con qué banco abriremos la cuenta de la filial?, tenemos dos alternativas:

1. Lo más adecuado es abrir cuenta con un banco con el que ya trabajemos en España, preferiblemente uno con el que tengamos mucha vinculación. Pero esto no siempre es posible.

2. Podemos abrir cuenta con un banco que nos recomienden los abogados locales o la asesoría con la que trabajemos.

La mejor opción es la 1, si es posible, ya que, con ella, aumentaremos nuestra relación con dicho banco y tendremos la opción de tener en la misma banca electrónica las cuentas nacionales de la matriz y la/s cuenta/s de la/s filial/es. Simplificándonos mucho la gestión de la tesorería y pudiendo realizar traspasos entre ambas de forma más rápida y sencilla.

No obstante, habrá que comprobar que ese banco importante para nosotros en España tenga una buena implantación en el país de la filial, porque a veces un banco importante en España puede no serlo en el país de la filial, y resultarnos mejor operativamente abrir con un banco local más importante.

Hay que intentar tener esto claro, antes de ir al país a constituir la filial.

Si se prevé tener mucha actividad en esta filial, y puede que se necesiten avales y confirming, es interesante abrir líneas locales allí, por varios motivos:

1. Los destinatarios de los confirmings y avales serán compañías locales y siempre recibirán con más agrado un confirming y/o un aval de un banco local. Además, podrán gestionarlo mejor, por no hablar de que lo recibirán en su propio idioma.

2. El tener líneas en el país de la filial nos permitirá no cargar ese riesgo en las líneas nacionales, y estas líneas "extranjeras" no aparecen en el informe de la CIRBE del banco de España y por tanto no computarán en la deuda global del grupo a nivel nacional.

3. Emitir avales locales siempre es más barato. Si el aval lo emitimos con la contragarantía de un banco español, mediante Swift y emisión en papel físico por banco local, tiene un doble coste: por el banco español y por el banco local.

El único problema radica en el confirming, en el que normalmente los bancos locales no suelen bonificar la ejecución por parte de los proveedores de los confirmings enviados. Aunque esto, como todo es negociable, y si el banco local con el que abramos la cuenta es filial de un banco español con el que trabajemos y que sí nos bonifica la ejecución de los confirmings, será más fácil negociarlo con el banco local y que nos bonifique también.

Para terminar, lo que normalmente no suele ser muy aconsejable es solicitar financiación en el país local, en el supuesto de que la necesitemos. Suele ser más cara que la que podamos obtener en el país de la matriz.

Además, hay infinidad de programas de financiación, subvenciones y productos bancarios específicos para financiar la internacionalización de la compañía y la creación de filiales en el extranjero.

6.2 IDIOMA

Obviamente el idioma puede ser un gran hándicap cuando no conocemos el del país de la filial, pero realmente con castellano e inglés podemos comunicarnos prácticamente con cualquier país del mundo.

A lo largo de mi carrera, solo he tenido dos casos en los que no conocía el idioma del país de la filial: un cliente francés y un banco alemán con los que tuve que comunicarme con el idioma de ambos países, que por desgracia desconozco.

La cuestión en ese momento es involucrar a otra persona de nuestra organización que si domine ese lenguaje, y si tiene relación con el asunto a tratar, pues más sencillo será.

En mi caso así fue, ya que para el cliente francés con el que teníamos un problema de pago, acudí a una persona del departamento legal, de madre francesa y que se encarga habitualmente de las gestiones jurídicas con los impagados, por lo que era parte de su trabajo ayudarme, como así lo hizo. Hablamos con ellos y pagaron, solventando el problema.

Respecto al banco alemán, conseguí ayuda de otra persona también del departamento legal, alemana de nacimiento, que por razones obvias gestionaba el trato con la asesoría de nuestra filial alemana, y el banco del mismo país. Hablamos con ellos, y resolvimos el problema.

Si la persona que conoce el idioma del país con el que tenemos que hablar, que nosotros desconocemos, pertenece a otro departamento o incluso a otra sociedad de nuestro grupo y el asunto al que se refiere la gestión, no tiene nada que ver con su trabajo, lógicamente nos será más difícil conseguir su ayuda.

Es preferible intentar conseguir su apoyo sin tener que recurrir a su jefe, ni al nuestro. Si tenemos trato con esa persona, la relación es buena y la gestión que debemos realizar simplemente se trata de una llamada telefónica, es factible lograr su colaboración y solucionar el asunto rápidamente.

Si por el contrario, no tenemos trato con esa persona, o el mismo no es bueno, y/o la gestión a realizar requiere de un periodo elevado de tiempo, entonces deberemos hablar con su jefe y/o el nuestro para conseguir su colaboración y ayuda.

Como siempre, el problema del idioma también representa una oportunidad, de servirnos de él. En el caso de que haya alguna dificultad, siempre podremos argumentar que se trata de un malentendido, debido al idioma.

Pero hemos de ser conscientes que eso también se puede volver en nuestra contra. Por ejemplo, a la hora de usar la banca electrónica del banco de la filial extranjera, y gestionar todo el envío de la documentación que solicita normalmente un banco para trabajar con él.

Todo esto, con un banco nacional ya es laborioso y complejo, pues con un banco extranjero, con procedimientos legales diferentes y además lenguaje distinto, puede convertirse en un auténtico infierno. Debemos tener esto en cuenta, ser cuidadosos, detallistas y conscientes de que es un proceso que nos llevará mucho tiempo.

Además, es un tema muy delicado, porque de que lo realicemos correctamente o no, va a depender, que podamos disponer de los fondos que tengamos en el banco de la filial, y los podamos repatriar de forma rápida y sencilla en el caso de que hubiera excedentes.

Por último, quiero remarcar, que en estos procesos administrativos de las filiales y sobre todo en las relaciones que se generan con el banco local, **lo más importante, como siempre, es mantener la calma** y no ponernos nerviosos, aunque estemos en situaciones en las que sea difícil estar tranquilos.

Perder los nervios y la paciencia no resolverá el problema, sino que lo agravará.

Hace años realizamos una obra en el estado de Nevada, a través de una filial norteamericana creada para ello. El banco con el que trabajamos era un banco norteamericano con el que no trabajamos en España.

Estados Unidos es un país complicado para trabajar: es proteccionista con las empresas nacionales, los sindicatos son poderosos y hay muchos requisitos laborales que se deben cumplir, e innumerables exigencias gubernamentales a tener en cuenta.

Solo mencionar, que para poder trabajar en Nevada, tuvimos que realizar un depósito gubernamental de 50.000 USD, que tardamos varios años en recuperar.

A pesar de todo ello, realizamos el trabajo en el desierto, cerca de la famosa "Área 51". Tras finalizar la obra, hubo unas retenciones del cliente que quedaron pendientes de cobro hasta que pasase un año, por exigencias del contrato.

Transcurrió el año, durante el que no tuvimos actividad alguna en la filial, ni en el banco con el que trabajábamos y el cliente nos pagó las retenciones, cuyo importe ascendía a 550.000 USD.

Eran Navidades y necesitábamos repatriar urgentemente esos fondos a España para poder transferir la paga extra. Fui a hacer la transferencia desde el banco norteamericano, como ya había hecho en anteriores ocasiones y se bloqueó el acceso a la banca electrónica.

Intenté desbloquearlo de diferentes formas y envié varios correos electrónicos al departamento de atención al cliente, pero no logré nada. Finalmente tuve que llamar por teléfono, y me indicaron, obviamente en inglés, que la banca electrónica había sido bloqueada por el departamento de seguridad y control del banco, al detectar que desde una cuenta sin movimiento hace tiempo, se quería realizar una transferencia al extranjero de importe elevado.

La única forma de desbloquear dicha banca electrónica era hablar directamente con ese departamento de seguridad, que tenía solo un par de horas al día para atenderme y que quizás fuera necesario que un apoderado de la cuenta se desplazase físicamente a una sucursal de dicho banco.

Lógicamente después de un año de la finalización de la obra, no teníamos personal desplazado en el país, y estábamos esperando a cobrar las retenciones y conseguir la devolución del depósito de 50.000 USD. para cancelar la filial y la cuenta bancaria. Además la mayoría del personal que se desplazó a Nevada desde España para realizar el trabajo ya no estaba en la empresa.

El único apoderado de la cuenta bancaria que quedaba en la compañía era el director financiero, y la posibilidad de tener que decirle que tenía que viajar en Navidades a Estados Unidos, para desbloquear una cuenta bancaria, no era muy agradable, sobre todo porque conocía la respuesta. Pero la verdad es que necesitábamos ese importe para poder realizar el pago de la paga extra.

Esa noche no dormí bien pensando en la llamada del día siguiente. Me encerré en una sala de reuniones y me concentré todo lo posible en la llamada, teniendo un pensamiento positivo en la misma e intentando que mi inglés fuese perfecto. También preparé una serie de estrategias para intentar ganarme a mi interlocutor.

El primer problema fue el sonido, ya que no era muy claro, y a pesar de que en otras conversaciones con personal de ese banco había sido muy nítido, en este caso no fue así. Mi mente comenzó a pensar que se trataba de una estrategia por parte del banco para impedir desbloquear la banca electrónica y dejar los fondos en la cuenta. Obviamente que transfiriésemos ese importe al extranjero no les haría mucha gracia.

La segunda dificultad en la llamada fue que el inglés de mi interlocutor tenía un acento muy cerrado que resultaba difícil de entender. Le hice saber que le llamaba desde España y que mi inglés no era muy bueno y que me costaba comprenderle, a lo que ni siquiera me respondió. Apenas lograba entender sus frases, y le tuve que pedir que me repitiera la mayoría una, dos y hasta tres veces. La situación se fue haciendo cada vez más tensa.

Le pregunté si conocía España para tratar de establecer algún tipo de conexión personal que facilitase nuestra comunicación, a lo que me respondió que no y que no tenía pensado viajar a nuestro país.

Me armé de valor y paciencia para tratar de resolver la situación en la llamada, aunque mi pulso se empezó a acelerar y comencé a sudar. Andrew, que así se llamaba la persona con la que hablaba, me indicó que le explicase por qué habíamos recibido una cantidad tan importante en nuestra cuenta y cuál era el motivo de querer realizar la transferencia al extranjero.

Tras explicárselo y enviarle por correo electrónico en la misma llamada copia de las facturas cuyas retenciones nos habían pagado y el contrato de la obra en cuestión, me indicó que la cuenta donde queríamos hacer la transferencia era distinta de la última cuenta española donde habíamos transferido fondos. Le expliqué que nuestra situación financiera había cambiado y que ahora trabajábamos más con el banco donde queríamos enviar los fondos, y le envié un certificado de titularidad bancaria de la cuenta de destino.

Entonces, me preguntó quién era yo y porque estaba haciendo la transferencia si no figuraba como persona autorizada a disponer de los fondos de la cuenta de la filial. Le expliqué que era el tesorero de la casa matriz y le envié mis poderes en ella y mi DNI. Llegados a este punto, ya estaba un poco más que harto de la situación y le hice saber que me parecía excesiva toda la documentación y explicaciones que me exigía. A lo que él respondió que solo hacía su trabajo.

Finalmente, cuando pensaba que me iba a poner alguna otra traba que no iba a poder superar, me indicó que todo estaba "en orden" y que procedía a ordenar el desbloqueo de la banca electrónica y que en 24 horas podría realizar la transferencia.

Efectivamente así fue, tuve que pasar un día más de angustiosa espera, pero finalmente desbloqueó la banca electrónica, realicé la transferencia y los fondos llegaron a tiempo para poder pagar la paga extra.

Cuando terminé la llamada estaba tan nervioso por la tensión sufrida, que tuve que salir al parking a dar varias vueltas para poder tranquilizarme antes de regresar a mi mesa para continuar con mi trabajo.

Hemos de ser conscientes que trabajar con bancos extranjeros implica vivir situaciones como esta y peores, y debemos estar preparados para ello. Y no perder nunca la calma, porque repito e insisto, la única forma de superarlas es estar tranquilos y tener un pensamiento positivo.

6.3 CAMBIO HORARIO

Otro de los problemas de trabajar con filiales extranjeras es el cambio horario.

En mi caso, al trabajar con filiales sudamericanas, el cambio horario implica que mientras que para nosotros es por la mañana, para ellos es de noche.

Lo positivo de esta situación es que a la mañana te puedes centrar en resolver los problemas de las compañías nacionales, ya que sabes que no te van a llamar de las filiales sudamericanas. La parte negativa, es que por la tarde comenzarán a llamarte y/o bombardearte con sus problemas.

O lo que es peor, llamarte cuando estés cenando, para decirte que realices transferencias urgentes a proveedores y/o trabajadores porque si no se paraliza una importante obra, como me sucedió en una ocasión, en la que estuve de madrugada realizando transferencias para evitar que nuestro personal local abandonase su trabajo.

Lógicamente hay que intentar evitar estas situaciones "límite" organizando y planificando lo máximo posible los flujos financieros, de forma que no tengamos que estar realizando esas operaciones a horas tan intempestivas, con el consiguiente riesgo de error por nuestra parte, debido al cansancio.

Pero también hay que ser conscientes que la forma de trabajar en esos países es "diferente", y que en muchas ocasiones se nos van a dar estas circunstancias por mucha planificación y organización que intentemos implantar.

El ejemplo más claro de ello, son las nóminas, que mientras que en España son mensuales, en algunos de estos países son quincenales e incluso semanales porque los trabajadores quieren su dinero rápido y no pueden esperar un mes a recibirla.

Si este tipo de situaciones se repiten, habrá que organizarse, teniendo "turnos" de retén para realizar este tipo de pagos o repartir esas funciones entre varias personas, porque de otro modo, no hay forma de estar realizando pagos de madrugada y posteriormente a las 8:00 am realizar las tareas habituales del día a día.

También hemos de ser conscientes, que en muchos casos, somos el último recurso para el personal allí desplazado. Es decir, si nos llaman para pedirnos que realicemos un pago y no les cogemos la llamada, y no realizamos el pago, no tienen nadie más a quien recurrir, y quedan total y absolutamente "desprotegidos". Es por ello por lo que siempre hay que estar atentos al "móvil" y disponibles para dar ayuda y asistencia en esas situaciones, realizando una/s transferencia/s que puede suponer que se realice el trabajo o que se paralice la obra en cuestión.

6.4 RIESGO CAMBIO DIVISA

Este es el mayor riesgo que tenemos al trabajar con una filial, hemos de ser conscientes que siempre que realicemos cambio de divisa: porque cobremos en una moneda y paguemos en otra, hay riesgo de sufrir una pérdida y debemos estar atentos para tratar de minimizarla lo máximo posible y destinar a ello el tiempo y recursos que sean necesarios para conseguirlo.

Como ejemplo real de una entidad muy conocida, de lo que puede llegar a sucedernos, quiero poner el del museo Guggenheim en Bilbao, que perdió 6 millones de euros por no realizar una operación de cambio de divisa correctamente. En junio 2002 compró dólares estadounidenses por valor de 3.300 millones de las antiguas pesetas, unos 18 millones de euros, para adquirir obras de arte, ya que las previsiones estimaban una subida de la moneda norteamericana. Pero el euro, ya entonces en vigor, empezó a coger fuerza en relación al dólar y la depreciación de éste dio como resultado una pérdida para el museo de seis millones de euros.

Es decir, el museo realizó una operación de cambio de divisa de envergadura en base a unas previsiones que indicaban una subida del USD, que finalmente no se produjo, si no que sucedió todo lo contrario, devaluándose dicha moneda con la consiguiente pérdida de valor de los USD. comprados.

La Sociedad Tenedora, división del Guggenheim que gestiona las adquisiciones artísticas, había calculado su presupuesto para 2002 con una cotización de 185 pesetas por dólar. En mayo de ese año ya alcanza las 191 pesetas, y en junio el Guggenheim firma la compra a 180 pesetas, lo que garantizaba la estabilidad presupuestaria. Ese mismo mes la tendencia cambió bruscamente y en julio el dólar se había depreciado un 20%. De ese giro de tendencia proceden las pérdidas de seis millones de euros.

La portavoz del grupo socialista en el parlamento vasco pidió responsabilidades por esta decisión y preguntó por qué no se contrató un seguro de cambio, «algo que hacen incluso los pequeños comerciantes»

Este ejemplo tan claro nos debe hacer estar alerta continuamente y ser conscientes que el riesgo de pérdida es muy real y altamente probable. No pudiendo dejar al azar de los vaivenes del mercado este tipo de operaciones, por mucho que nos indiquen los expertos cómo va a ser la evolución de las divisas, porque eso fue exactamente lo que le sucedió al museo Guggenheim, a pesar de contar con un comité asesor de finanzas, en el que figuraban varias entidades financieras de primer orden, así como altos ejecutivos de estas, que plantearon que el dólar podía situarse a 200 pesetas como mínimo.

Entonces, ¿qué hacer en estas situaciones?, pues cómo indicó la portavoz del grupo socialista, contratar un seguro de cambio, pero voy a explicarlo con dos ejemplos reales en los que participé directamente:

1. Filial Polaca

Hace años el grupo donde trabajo realizó un contrato de mantenimiento durante ocho años, a través de una filial polaca que se creó para ello.

El contrato era en zlotys, se facturaba y cobraba todo en esa moneda. Había unos trabajadores locales contratados directamente por la filial, a los que se les pagaba la nómina directamente en la moneda local.

También había técnicos españoles desplazados desde aquí, a los que se les pagaba la nómina desde España en euros. Y la mayoría de las compras y pagos se realizaban desde la compañía matriz en España, re facturándose luego internamente, desde la matriz a la filial.

Esto implicaba financieramente, que hubiera un remanente de zlotys disponible en Polonia, que había que repatriar a España, pero ¿a qué tipo de cambio? Esta moneda fluctúa mucho, el cambio del 15 abril 2022 era de 4,64 zlotys por euro, pero en 2008 que es cuando se desarrolló el contrato varió de 3,3 a 4,1 zlotys por euro.

Lo inicial es fijar nuestro tipo de cambio de referencia, a partir del cual desarrollaremos nuestro trabajo financiero. En este caso el tipo de cambio que se usó para realizar la oferta presentada para la consecución del contrato fue de 3,5 zlotys por euro. Es decir para no tener pérdida por cambio de divisa, debíamos vender el remanente en zlotys a 3,5 zlotys por euro o menos para conseguir la mayor cantidad de euros posible. Si vendíamos el remanente en euros a más de 3,5 zlotys por euro, obtendríamos menos euros y sufriríamos pérdida.

Lo que hicimos fue, realizar un presupuesto de tesorería anual con los ingenieros que realizaron la oferta y los técnicos desplazados a Polonia. En base a este presupuesto determinamos que al final de cada uno de los años que duraba el contrato, tendríamos un remanente de 800.000 zlotys en Polonia listos para ser repatriados a España.

Entonces contratamos un seguro de cambio con uno de nuestros bancos más importantes, a un tipo de cambio de 3,3 zlotys por euro, que era como cotizaba el 15 marzo 2008 que es cuando lo contratamos, para fecha 31 diciembre 2008. Es decir el 29 diciembre 2008 realizamos transferencia de 800.000 zlotys desde la cuenta de nuestra filial polaca en el banco polaco a la cuenta de la compañía matriz en el banco español, y al recibir esos fondos el banco español nos aplicaba el tipo de cambio de 3,3 zloty por euro contratado en el seguro de cambio.

De esta forma no sufrimos pérdida alguna, y nos olvidamos de este problema en marzo, debiendo controlar únicamente que el presupuesto de tesorería de nuestra filial polaca se cumplía y que dispondríamos de los 800.000 zlotys previstos en Polonia para realizar la transferencia a tiempo y cumplir con el seguro de cambio contratado.

Contratamos este seguro durante todos los años que trabajamos en Polonia y no sufrimos pérdida alguna.

2. Filial Mexicana

Hace cinco años realizamos dos importantes contratos de 35 millones de USD cada uno, durante 30 meses en el país azteca.

Los 70 millones se facturaban y cobraban íntegramente en USD y los pagos que se realizaban en esa moneda eran aproximadamente de unos 20 millones de USD, el resto de los pagos: nóminas, proveedores e impuestos se realizaba en la moneda local, el peso mejicano MXN.

El MXN es una moneda muy volátil, el cambio del 15 abril 2022 era de 19,97 MXN por USD, pero en 2018 que fue el último año de ejecución de estos contratos varió de 17,97 a 20,77.

Es decir, durante los 30 meses de ejecución de ambos proyectos debíamos vender unos 50 millones de USD y comprar con ellos MXN, para realizar los pagos de la obra. Si lo hacíamos al tipo más bajo que cotizó en 2018: 17,97 obteníamos 898.500.000 MXN y si lo hacíamos al tipo más alto: 20,77 obteníamos 1.038.500.000 MXN, la diferencia (posible pérdida o ganancia resultante de la operación) son 140.000.000 MXN o 7.368.521 USD a un tipo de cambio de 19 MXN por USD.

Obviamente este tema era totalmente prioritario durante los 30 meses que duraron ambos proyectos, por lo elevado de la posible pérdida. Y tuve que dedicar mucho tiempo y recursos a su estudio y control, para obtener el mejor resultado posible.

Lo primero que hay que tener en cuenta, y que es lo más importante de todo, es que nosotros no podemos especular con la evolución de la divisa para obtener con ello un mayor beneficio para la empresa, porque sencillamente no es nuestro trabajo. Es difícil resistirse a la tentación de especular ante tanta variación en el tipo de cambio y la posibilidad de obtener pingües beneficios. Pero igual de probable es obtener una jugosa ganancia, que una elevada pérdida.

Durante los 30 meses en los que completamos los proyectos hablé con muchos analistas bancarios acerca de la evolución de la divisa, sobre el tipo de cambio MXN/USD. Hablé con ellos de Donald Trump, del muro que quería construir en la frontera con Méjico, de la vinculación del tipo de cambio de esta divisa a la evolución del precio del barril de crudo BRENT y de muchas cosas más. Y la conclusión es clara y única: nadie sabe cómo va a ser el futuro, se puede especular con más o menos acierto sobre el mismo, pero lo que sucederá realmente nadie lo conoce.

Es por ello, que no podemos poner en riesgo las posibles ganancias o pérdidas de la compañía por unas previsiones económicas, por muy certeras que estas parezcan. Como le sucedió al museo Guggenheim en Bilbao.

Igual que en el caso polaco, lo primero que hay que hacer es fijar el tipo de cambio de referencia en función del tipo que se usó en la oferta por la que obtuvimos ambos contratos. En este caso el tipo era de 18 MXN por USD.

A partir de ahí, e igual que en el caso polaco, desarrollamos un presupuesto de tesorería para ambos proyectos. En el caso polaco el presupuesto fue anual, por ser un contrato de mantenimiento de mucho menor importe y más fácil de controlar y predecir. Pero aquí por la complejidad de ambos proyectos y depender ambos de múltiples factores se realizaron presupuestos mensuales de los dos.

En base a esos presupuestos mensuales, se calculaban los pagos a realizar en cada mes, en USD y en MXN. Una vez obtenidas ambas cifras, ya sabíamos los MXN que debíamos comprar para hacer frente a los pagos previstos, y los USD que debíamos vender estarían en función del tipo de cambio del mercado, pero siempre no bajando de nuestro tipo de cambio de referencia de 18 MXN por USD, o por lo menos intentándolo o que bajase lo mínimo posible de esa cifra.

La estrategia para ello la basé en tres acciones. Si en el momento de tener el presupuesto detectábamos que los pagos a realizar en MXN el próximo mes eran 30.000.000 MXN, ya sabíamos que aproximadamente deberíamos vender para tener esa cifra 1.500.000 USD. Si en ese instante el tipo de cambio era superior a nuestro tipo de cambio de referencia de18 MXN por USD, 19,5 MXN por USD por ejemplo, realizábamos 3 acciones:

1. Vender 1/3 de la cantidad necesaria: 500.000 USD al tipo de cambio actual de 19,5 MXN por USD

2. Cerrar un seguro de cambio para dentro de 15 o 20 días por otro tercio de la cantidad necesaria : 500.000 USD al tipo de cambio actual de 19,5 MXN por USD. Con ello ya teníamos garantizado y resuelto el 66% de nuestras necesidades mensuales en MXN con un beneficio de 1.500.000 MXN, al haberlos cambiado a 19,5 MXN por USD, 1,5 MXN por USD más de nuestro tipo de cambio de referencia, fijado en 18 MXN por USD.

3. Fijar una alerta con el banco activa las 24 horas, para que si el tipo de cambio llegaba en cualquier momento a los 20 MXN por USD por ejemplo automáticamente saltase una compra de los 500.000 USD restantes para completar los 1.500.000 USD totales necesarios para los pagos del mes.

También poníamos la alerta por debajo, es decir, si el tipo de cambio caía a 18 MXN por USD automáticamente saltase una compra de los 500.000 USD restantes. Así estábamos tranquilos tanto si subía como si bajaba el tipo de cambio.

El problema es si, en el momento de tener el presupuesto de tesorería, el tipo de cambio era inferior a nuestro tipo de cambio de referencia de18 MXN por USD, 17,5 MXN por USD por ejemplo. Ahí ya deberíamos hablar con los analistas bancarios sondeando el mercado y tomar decisiones que implicarían pérdidas, obviamente, consultadas y coordinadas antes con el director financiero.

Por suerte esta situación adversa me sucedió en pocas ocasiones. En parte debido, a que el tipo de cambio de referencia de 18 MXN por USD era un tipo muy prudente. Por lo que gracias a ello y a la estrategia definida con las tres acciones logré completar los cambios de divisa de ambas obras de forma positiva sin sufrir pérdidas.

Para acabar este apartado solo queda responder a dos preguntas:

1. ¿Con que banco realizaremos las operaciones de tipo de cambio? Lógicamente con aquel que nos aplique los mejores tipos para nosotros.

2. ¿Cómo averiguo cual es el banco que nos aplica los mejores tipos de cambio? Realizando comparativas reales instantáneas.

El cambio de divisa es un negocio que mueve mucho dinero y como tal, hay muchas compañías dispuestas a lucrarse con él, lógicamente a través nuestro. Por eso hemos de estar atentos. Además de poder hacer estas operaciones con bancos, también hay empresas especializadas en estas operaciones con las que podemos realizarlas, en mi experiencia nunca me han dado mejores tipos de cambio que los que me ha ofrecido la banca.

Estos dos proyectos mejicanos los gestionamos con tres bancos españoles: Bankia, Popular y Sabadell, de los que ya solo existe el último. La filial mexicana abrió cuentas no residentes con los tres bancos y operamos con ellos. Las operaciones de tipo de cambio las realizábamos directamente por teléfono con las mesas centrales de tesorería internacional de cada banco.

Las comparativas las hacíamos dos personas a la vez, sentados físicamente uno frente al otro. Una vez definido el importe de USD que queríamos vender, ambos llamábamos a la vez a las dos mesas centrales de tipo de cambio y les comunicábamos la cifra y esperábamos su respuesta. Lógicamente debíamos tener el importe fijado disponible en las cuentas corrientes de ambos bancos. Normalmente, te dan el precio y te esperan unos instantes a que confirmes la operación. Cuando le daban el precio al primero de los dos que llamábamos, tapaba el auricular y consultaba al otro, a veces habia que esperar la respuesta del otro banco y la situación era algo estresante. Finalmente, con el banco que nos daba más MXN por cada USD que vendíamos cerrábamos la operación.

Mientras hacíamos esto, a la vez, consultábamos páginas electrónicas de cotización de divisa para ver cuál era el cambio MXN/USD que estaba cotizando en ese instante, y toda la información la recogíamos en una tabla Excel con la que hacíamos comparativas, y a través de la cual descubrimos que el banco que mejor tipos de cambio nos aplicaba era Bankia, y desde entonces realizamos todas las operaciones con él, aunque regularmente consultábamos de nuevo con los otros bancos y con las páginas electrónicas para confirmar que continuaban dándonos el mejor tipo de cambio.

Los bancos no cobran comisión por estas operaciones, ya incluyen la misma en el tipo de cambio que nos ofrecen. Esta práctica coincide con la de no fiarnos de que el precio de ningún producto financiero sea el mejor, sin compararlo con otra/s entidad/es financiera/s.

Resumo los pasos a seguir:

1. Fijar el tipo de cambio de referencia que guiará nuestras operaciones de cambio de divisa.

2. Hacer un presupuesto de tesorería del proyecto.

3. Cuantificar el importe de divisa a cambiar.

4. Realizar comparativas al mismo instante directamente con las mesas de tesorería de varios bancos, hasta identificar el que mejor tipo nos aplica.

5. Realizar tres acciones diferentes:
   - Cambio de divisa al instante actual si el tipo nos es favorable por 1/3 de la cantidad que necesitemos.
   - Contratar seguro de cambio a futuro con esa cotización favorable por 1/3 de la cantidad que necesitemos.
   - Establecer alarmas superiores e inferiores 24 horas/día para cerrar automáticamente cambio de divisa si se rebasan dichas alarmas por 1/3 de la cantidad que necesitemos.

RECUERDA:

▸ Debemos tener referencias del despacho legal con el que constituir la filial y de la asesoría que contratemos.

▸ Toda filial debe tener un presupuesto de tesorería mensual que dimensione sus necesidades/remanentes.

▸ Hacer presupuesto mensual de proyectos que impliquen cambios de divisa para conocer importe a cambiar.

▸ Realizar comparativas tipo de cambio instantáneas con mesas de tesorería de varios bancos.

7

BANCA ELECTRÓNICA

La banca electrónica es el "hábitat" natural del tesorero. Es normal estar conectado la mayor parte de la jornada a las diferentes páginas electrónicas de todos los bancos con los que trabajamos.

Comprobar cobros recibidos, realizar transferencias, pago de nóminas e impuestos, envío de factoring y confirming, etc., para todas estas operaciones hay que conectarse a una página electrónica de una entidad financiera. Y de igual manera que sucede con los correos electrónicos, lo habitual es estar conectado todo el día o la mayor parte de la jornada laboral.

No obstante, prácticamente la totalidad de las bancas electrónicas tienen un proceso de desconexión automático, que funciona cuando se lleva un tiempo sin haber realizado ningún movimiento en dicha página electrónica.

Esto puede suponer una molestia, ya que si en mitad de un proceso que estamos realizando recibimos una llamada telefónica que lo interrumpe, nos veremos obligados a conectarnos de nuevo, introduciendo todas las claves de acceso, lo que supone un incordio. Pero esta desactivación, no la imponen los bancos por mero capricho, si no para mantener la seguridad de la conexión y de que la persona que está conectada es la misma que introdujo las claves de acceso y no otra, que se ha aprovechado de que la primera ha ido al baño, por ejemplo, para usar dicha banca electrónica sin estar autorizada para ello.

Y es que permanecer tanto tiempo conectado implica que nos relajemos, y dejemos de ser conscientes de que estamos conectados a unas cuentas bancarias, en ocasiones con elevadas cantidades disponibles y que aunque aparentemente estemos a salvo de todo peligro por estar en la oficina o en nuestro domicilio, en realidad no es así.

Es complicado estar continuamente "en guardia", pero debemos ser conscientes en todo momento de dos hechos:

1. En 2020 se produjeron en España 16.900 procedimientos judiciales por ciberdelincuencia, ello supone un incremento de un 28,69% con respecto a 2019. Perfectamente podemos ser víctimas de uno de dichos delitos.

2. Al estar conectados a la banca electrónica, hemos pasado el primer filtro para que un ciberdelincuente se apropie de las claves de acceso y posteriormente de los fondos de la empresa, y hemos de tenerlo en cuenta en todo momento.

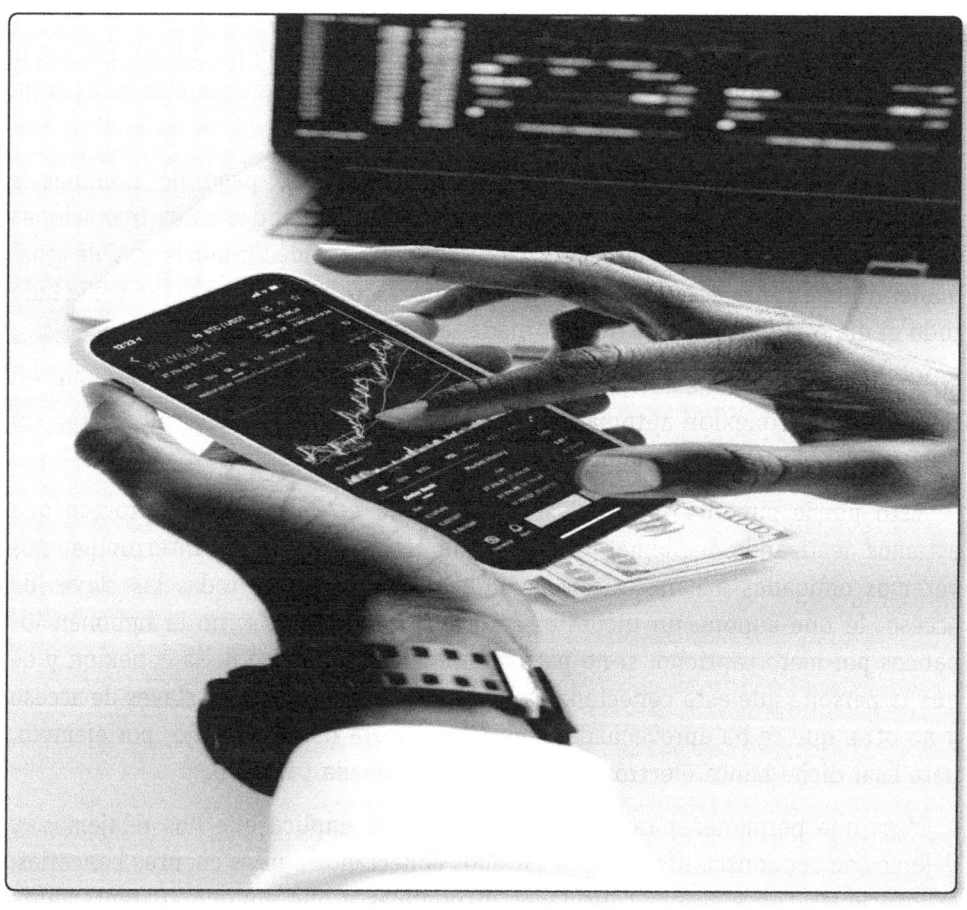

7.1 CLAVES ACCESO/TOKEN VIRTUAL O FÍSICO

Para realizar las operaciones de las que hemos hablado anteriormente debemos introducir dos claves: primero las de acceso, y luego las de firma (token virtual o físico)

Es nuestra responsabilidad custodiarlas correctamente y establecer los protocolos de seguridad necesarios para que no caigan en manos de ciberdelincuentes.

7.1.1 Claves acceso

Puede parecer increíble, pero hay tesoreros que tienen dichas claves impresas en un papel, pegado en la pared junto a su mesa. Podemos pensar que realmente no pasa nada porque cualquier persona pueda sacar una foto de estas, ya que solo proporcionan acceso a las cuentas, no permitiendo realizar operaciones con ellas.

Incluso, se las podemos facilitar al becario recién incorporado que va a estar tres meses en nuestra compañía para que imprima extractos, cobros o recibos, porque total ¿qué va a hacer con ellas?

Además, si no las tenemos en esa hoja impresa, ¿dónde las vamos a tener si no?, ¿en la caja fuerte?, con la molestia que supone tener que sacarlas cada vez que queramos acceder a un banco. Obviamente no.

Hay formas más seguras de custodiar dichas claves y que nos permitan acceder a ellas de forma rápida. La mejor es tenerlas en una hoja Excel o documento Word, en el servidor de la empresa, con un nombre que no indique lo que son, direcciones de filiales.xls, por ejemplo, y que ese documento este cifrado con una contraseña que solo sepamos quienes lo utilizamos, y que cambiemos habitualmente como hacemos con la de nuestro ordenador.

Obviamente, nos pueden hackear el servidor y acceder a nuestro sistema, copiando este documento. Pero es que el sistema infalible 100%, sencillamente no existe y el riesgo de sufrir un ciberdelito siempre va a estar presente. Lo único que podemos hacer para evitarlo es estar atentos y establecer protocolos de seguridad sencillos, como este que acabo de indicar, que ya supone una barrera inicial para disponer de las claves de acceso.

7.1.2 Token virtual o físico

La PSD2 (Payment Services Directive2) es la Directiva Europea que regula los servicios de pago (por ejemplo transferencias, domiciliaciones, pagos con tarjetas, etc.) realizados en Europa con la finalidad de impulsar la transparencia, competencia e innovación de los servicios de pago del sector financiero.

En España se aprobó el Real Decreto Ley 19/2018 de servicios de pago para transponer esta normativa a nuestro ordenamiento. La norma recoge los derechos y obligaciones de entidades y clientes en materia de servicios de pago. Una cuestión muy relevante es el refuerzo de las medidas de seguridad para realizar estas transacciones incluyendo medidas de doble autenticación o autenticación reforzada.

¿En qué consiste esta doble autenticación o autenticación reforzada? Simplemente se trata como su propio nombre indica en reforzar la seguridad a la hora de realizar operaciones bancarias por banca electrónica mediante una segunda verificación de que la persona que realiza la operación es realmente quien está autorizada para hacerla.

Es decir, además de la primera verificación que consiste en introducir las claves de acceso, a la hora de realizar una transferencia, por ejemplo, se pide una de estas tres cosas:

1. Introducir un código que habremos recibido en un sms en un móvil que previamente habremos indicado al banco y al que solo nosotros podemos tener acceso.

2. Validar la transferencia o cualquier otra operación similar, a través de una aplicación del banco, que previamente nos habremos descargado en un móvil al que solo nosotros podemos tener acceso, y cuya descarga y autentificación de la aplicación ha sido validada por el banco.

3. En la banca electrónica nos aparece un código, que deberemos introducir en la aplicación del banco que tenemos en nuestro móvil, esta aplicación genera entonces un segundo código diferente, que deberemos introducir en la banca electrónica para completar la citada operación. Aquí la aplicación del móvil opera como un token virtual.

Esta normativa europea refuerza la seguridad y siendo conscientes de que el sistema 100% seguro no existe dificulta mucho el riesgo de que podamos sufrir un delito electrónico, siempre y cuando custodiemos correctamente el móvil donde recibamos sms del banco y/o tengamos la aplicación mencionada anteriormente.

Hemos de ser conscientes de que esta normativa europea no es de obligado cumplimiento, lógicamente, fuera de dicho continente y de esta forma las bancas electrónicas de los países latinoamericanos continúan funcionando con token físicos, que realizan las mismas funciones que el punto 3 que acabo de mencionar, es decir, son un pequeño aparato electrónico con un teclado y una pantalla digital, en el que deberemos acceder con una clave e introducir el código que nos aparezca en la banca electrónica para completar la operación que queramos realizar y con el código que nos aparezca en el token introducirlo en la página electrónica de la entidad financiera y completar la operación.

El punto clave en todo esto, es custodiar debidamente tanto los token físicos de nuestras filiales, como los token virtuales que son las aplicaciones instaladas en el móvil mencionado. De nuestra responsabilidad en su custodia depende en gran parte la seguridad electrónica de las finanzas de la empresa.

7.2 CIBERSEGURIDAD

Los fraudes y ataques cibernéticos son como los accidentes de coche, se producen continuamente y afectan a miles de personas cada año en nuestro país, y conocemos a muchas de ellas, pero siempre pensamos que no nos va a pasar a nosotros.

Aunque sepamos que es una amenaza real a la que estamos expuestos, creemos que nunca nos va a suceder y eso es muy peligroso, porque implica que reduciremos nuestro nivel de alerta en este asunto y no promoveremos las medidas necesarias para evitar ser víctimas de un ciberdelito.

Como dato relevante en este punto, he de decir que en 25 años de trabajo en mi compañía, solo sufrimos un robo físico, por la noche, en el que unos ladrones reventaron la caja fuerte tras acceder a la empresa llevándose todo lo de valor que había en ella, además de realizar importantes destrozos en toda la oficina.

Sin embargo intentos de robo cibernético hemos sufrido tres que yo conozca de primera mano. Voy a relatarlos para que seamos plenamente conscientes de su existencia, estemos atentos a ellos y hagamos todo lo posible para evitarlos.

1. Un ciberdelincuente hackeo nuestro correo electrónico, teniendo acceso a nuestras comunicaciones

Nos suplantó frente a un cliente, enviando un correo electrónico fraudulento haciéndose pasar por nuestro departamento financiero y le indicó que pagase una factura real que nos debía a una cuenta en Rumania, indicándole el número e importe exacto de dicha factura.

El importe de la factura era de 425.000 euros. Tuvimos suerte en esta ocasión y el cliente desconfió al estar en Rumania la cuenta bancaria donde se le indicó que realizase la transferencia, país con el que no tenemos ninguna relación.

Nos telefoneó, descubriendo el intento de delito y evitando el desastre que hubiera sucedido de realizar el pago . A partir de entonces reforzamos la seguridad informática y establecimos cortafuegos más potentes, para evitar más intrusiones de este tipo.

Sin embargo, viendo las compañías que han sido hackeadas: Telefónica, Sony Pictures, Ashley Madison, PlayStation Network, Yahoo, Tesco Bank e Iberdrola, no era de extrañar que nos volvieran a hackear como efectivamente sucedió.

2. En esta ocasión hackearon de nuevo nuestro correo electrónico y nos solicitaron, esta vez a nosotros, una transferencia haciéndose pasar por el consejero delegado

Es un ciberdelito muy habitual, en parte porque obviamente los correos electrónicos del consejero delegado se tramitan rápidamente y podemos creer que realmente es él quien nos lo envía.

Esto sucedió en dos ocasiones. En la primera el correo electrónico me lo enviaron directamente a mí, pero con tan mala fortuna para el hacker que justo cuando lo recibí, el consejero delegado se encontraba frente a mi mesa. Obviamente se lo comenté, sobre todo para que fuese consciente del peligro real que acecha a diario a la compañía y apoyase todas las medidas que se impulsasen para contenerlo.

Su cara de sorpresa al ver el correo electrónico fraudulento en el que se hacían pasar por él desapareció de inmediato al darse cuenta de la alta probabilidad de que estos ataques llegasen a tener su fruto algún día, con la consiguiente pérdida que ello implicaría para la compañía.

En la segunda ocasión, los hackers intentaron algo diferente. Enviaron de nuevo un correo electrónico haciéndose pasar por el CEO, pero esta vez al responsable contable de las filiales. En el correo electrónico le indicaba que realizase urgentemente una transferencia de 10.000 libras a una cuenta en el Reino Unido para un proyecto nuevo a realizar allí.

Esta cantidad es elevada, pero mucho menor que los 425.000 euros del primer caso y en una situación de sobrecarga laboral es posible que realicemos la transferencia para quitarnos esa tarea de encima y pasar a la siguiente sin realizar un análisis de la situación.

El responsable contable de las filiales reenvió el correo a la administrativa responsable de las finanzas de nuestra filial británica, que casualmente se sienta a mi lado. A ella le resultó extraño que el CEO ordenase una transferencia al responsable contable, me lo comentó, revisamos el correo electrónico y detectamos su falsedad.

Lo más curioso es que el responsable contable continuó insistiendo en que realizásemos la transferencia, porque el CEO indicaba que era urgente y que se iba enfadar si no la realizábamos, y eso a pesar de nuestras explicaciones y evidencias de la falsedad del correo electrónico.

Finalmente al darse cuenta de la realidad, se quedó tan sorprendido de haber caído en una trampa tan burda, que solo se le ocurrió exclamar: "menos mal que os habéis dado cuenta vosotros".

3. Y como dice el refrán: "no hay dos sin tres", y " a la tercera va la vencida"

En esta ocasión el hacker no suplantó a nuestro departamento de administración ante un cliente, ni a nuestro CEO ante nosotros, en esta ocasión suplantó a un proveedor nuestro y se dirigió a nosotros haciéndose pasar por él.

Cuando interpuse la denuncia en la policía, me indicaron que es muy difícil saber si habían hackeado el correo electrónico del proveedor o el nuestro, y por lo tanto prácticamente imposible dictaminar de quien era realmente la culpa.

Sea como fuere, el caso es que nos envió un correo electrónico, suplantando a nuestro proveedor de material de oficina, indicando que cambiaba la cuenta donde quería cobrar sus facturas a partir de ahora. Y nos indicaba una cuenta de un banco nacional. En el mismo correo electrónico solicitaba que le pagásemos todas las facturas pendientes de pago a esa nueva cuenta, cuanto antes nos fuese posible.

El correo lo dirigió a la persona del departamento de administración que tramita las facturas de proveedores y trata con todos ellos. Dicha persona, muy diligentemente y sin sospechar nada en absoluto, modificó la cuenta de pago de dicho proveedor en nuestro sistema y programó el pago de todas las facturas pendientes con él para el próximo vencimiento, llegado el cual se realizó la transferencia a la cuenta fraudulenta que nos indicó el hacker.

Una vez más, tuvimos suerte, porque a este proveedor le debíamos 3 facturas: dos de 12.000 euros y una de 1.500, pero las de 12.000 euros las había emitido erróneamente a una sociedad de nuestro grupo diferente a la que le realizó el pedido y se le habían devuelto para que las anulase y emitiese a la sociedad correcta. Por lo que solo transferimos al hacker la factura de los 1.500 euros.

Cuando telefoneó el verdadero proveedor reclamando el pago de la factura ya transferida al hacker, se descubrió todo, y ante la imposibilidad de demostrar de quien había sido la culpa, se llegó al acuerdo de hacernos cargo cada uno del 50% del importe perdido. Ya que no teníamos seguro de ciberseguridad que nos cubriera estos hechos. El cual es conveniente tener.

Desde entonces, para evitar que esto vuelva a suceder y como ya he indicado en el apartado 3.- Presupuesto tesorería de este libro, cada vez que un proveedor solicita cambiar la cuenta bancaria donde habitualmente se realizan sus transferencias, se le exige un certificado bancario de la nueva cuenta. Una vez recibido el certificado bancario, se le envía al banco que lo emitió para que acredite que es verdadero y que la cuenta indicada corresponde al proveedor que dice enviarla.

Si no trabajamos con el banco en cuestión, se telefonea al proveedor, para comprobar que es él realmente quien ha solicitado la modificación de la cuenta de pago. Este procedimiento está implantado en todas las empresas de nuestro grupo, incluidas las filiales extranjeras.

Realmente, la mejor forma de combatir los ciberdelitos, además de toda la seguridad tecnológica que podamos implantar, toda la formación que podamos realizar y todos los recordatorios de la importancia de ello, es estar atentos, alerta y desconfiar de todos los correos electrónicos "extraños" que podamos recibir, y siempre, siempre, siempre **ante la más mínima duda, no pagar.**

El problema es que hacer esto lleva tiempo, y muchas veces, no disponemos de él, y eso lo saben los ciberdelincuentes. Que obviamente lo aprovechan, para intentar que realicemos la transferencia a su cuenta debido a que prioricemos quitarnos una tarea más de encima, que analizar con calma el mensaje recibido. Y debemos luchar contra ello estando alerta y concentrados continuamente.

RECUERDA:

- ▶ Debemos mantenernos alerta cada vez que estemos usando la banca electrónica.

- ▶ Custodiar correctamente, las claves de acceso y los token físicos y virtuales.

- ▶ Estar atentos a correos electrónicos "sospechosos" que podamos recibir.

- ▶ Solicitar certificados de titularidad bancaria a todo proveedor que quiera cambiar su cuenta.

- ▶ Ante la más mínima duda, no pagar.

8

INTEGRACIÓN FINANCIERA EN LA ADQUISICIÓN DE EMPRESAS

La adquisición de compañías es un proceso totalmente lógico y normal en grupos industriales de tamaño medio y como tal debe abordarse, teniendo siempre en cuenta que se está "comprando" una compañía en la que trabajan "personas", y que la gestión del impacto emocional al ser "adquiridos" influirá mucho en el éxito de la compra.

Ahora bien, no se puede "desembarcar" en la sociedad adquirida ni como un elefante en una cacharrería , ni tampoco de forma pusilánime. Hay que ser firme y decidido, transmitiendo seguridad y firmeza, pero a la vez ser sensible con las personas que trabajan en la compañía adquirida que de repente se encuentran a las órdenes de alguien completamente desconocido para ellos.

8.1 ASPECTO EMOCIONAL DE ADQUISICIONES

Ya lo dijo Miguel de Unamuno en su discurso en la Universidad de Salamanca el 12 de octubre de 1936: *"Venceréis, pero no convenceréis. Venceréis porque tenéis sobrada fuerza bruta: pero no convenceréis, porque convencer significa persuadir. Y para persuadir necesitáis algo que os falta: razón y derecho en la lucha".*

Es decir, hay que convencer más que vencer.

¿Cómo hacerlo?, ¿cómo convencer al personal de una empresa que se acaba de adquirir, que la compra es buena para todos?, incluidos ellos, pues simple y llanamente teniendo en cuenta estos cuatro puntos:

1. Siendo empáticos con dicho personal. Poniéndonos en su piel y tomando consciencia que muchos de ellos, deberán rendirnos cuentas de su gestión, algo que hasta entonces puede que no estuvieran acostumbrados a realizar.

   Lo normal es que estén nerviosos por el cambio y para personas de edad avanzada, que siempre han estado en la empresa que hemos comprado, la experiencia puede llegar a ser traumática.

   En nuestras manos estará evitarlo, sobre todo porque para una buena integración es fundamental empezar con un buen pie "emocional" y conseguir "convencer" e "integrar", más que "vencer" y "conquistar".

2. Insistiendo en los "aspectos positivos" de la compra para todos. En toda negociación, y esta no deja de ser una, siempre es bueno comunicar positividad, y comenzar las conversaciones para la integración financiero-administrativa de la empresa recalcando las ventajas de esta, ello es totalmente necesario y recomendable.

   Ayudará a relajar los ánimos y animará a afrontar los esfuerzos necesarios para realizar correctamente la integración con energía dado que se visualiza lo positivo de ella.

3. Garantizar el puesto de trabajo de las personas del departamento administrativo de la compañía adquirida. Siempre que nuestro grupo ha adquirido una compañía, al reunirnos con el personal de su departamento financiero, en su pensamiento estaba la posibilidad del despido.

   Parece lógico que al unirse dos empresas, haya procesos que se dupliquen y cuya eliminación implique reducción de personal y esa idea de perder el puesto de trabajo agobia de sobremanera al personal de la compañía adquirida.

   Dejarles claro que no va a ser así y que se cuenta con ellos para el futuro, transmitirlo con firmeza y convencerles de ello, es muy importante de cara a su tranquilidad, cooperación y para que la transición sea lo más fluida y llevadera posible para todos.

4. Transmitir las fortalezas del grupo comprador. Como continuación del punto 2, además de transmitir los aspectos positivos de la compra, es necesario recalcar que el grupo comprador es un grupo sólido, solvente y consolidado que contribuirá al buen futuro de la compañía adquirida.

   Las circunstancias de cada compra son diferentes y las razones de la adquisición distintas en cada caso, y deberemos manejarlas con discreción y tacto. Obviamente si la compañía adquirida atravesaba por dificultades, mencionarlo no ayudará mucho en el camino de la integración, porque agravará el nerviosismo inherente a este tipo de procesos, así que mejor no hablar de ello.

   Si por el contrario, la adquisición se ha producido por jubilación de los anteriores propietarios, es bueno comentarlo incidiendo que en todo el proceso lo que ha primado ha sido la continuidad del negocio y el mantenimiento de los puestos de trabajo.

   Es decir recalcar e insistir en lo positivo y evitar lo negativo si lo hubiera.

8.2 INTEGRACIÓN FINANCIERA DE LA EMPRESA ADQUIRIDA

Los procesos simples y sencillos son los que mejor funcionan, así que ¿cómo integraremos de forma fácil y sencilla a la nueva empresa?, pues haciendo que funcione exactamente igual que el resto de las filiales, es decir enviando un presupuesto de tesorería y gestionando sus finanzas en base a él, como con el resto de las filiales.

El presupuesto será más o menos sencillo dependiendo de la compañía, pero facturé 20 o 200 millones de euros deberá tener los mismos conceptos que ya indiqué en el apartado 3.- Presupuesto Tesorería.

El departamento administrativo de la compañía adquirida seguro que ya realizaba su propio presupuesto de tesorería y para comenzar el proceso de integración nos puede servir perfectamente. Lo ideal es que todas las filiales utilicen el mismo formato, pero tampoco debemos volvernos locos con que así sea y hasta cierto punto es normal que los formatos puedan ser diferentes, ya que la idiosincrasia de cada compañía es distinta. Lo importante es que suministre de forma fiable y segura, si esa compañía va a necesitar recibir fondos para hacer frente a sus compromisos de pago los próximos 30 días, o si por el contrario va a disponer de remanentes de tesorería de los que podrá disponer el Grupo.

Mientras suministre esa información de forma clara y precisa realmente da igual que los presupuestos sean diferentes, de hecho yo utilizo diferentes presupuestos de tesorería de cada una de las filiales del Grupo, que recibo regularmente.

Otra cuestión es que el presupuesto lo genere automáticamente nuestro programa de gestión o que el fichero de cobrabilidad: facturas de clientes pendientes de cobro lo genere también automáticamente dicho programa, y que todas las filiales utilicen el mismo programa de gestión.

Entonces sí deberemos usar el mismo formato. En mi caso, para la cobrabilidad si utilizamos el mismo formato todas las compañías que están integradas en el programa de gestión y ello a la vez implica usar el mismo procedimiento para todas: revisión de cobros diario, registro de ellos, y emisión diaria del fichero de cobrabilidad actualizado.

RECUERDA:

- ▶ En la adquisición de compañías, hay que convencer, más que vencer, a sus empleados de las ventajas de la compra.

- ▶ Debemos empatizar con el personal de la compañía adquirida y recalcar los aspectos positivos de la adquisición.

- ▶ Garantizar el puesto de trabajo a los trabajadores ya existentes y exigir presupuesto de tesorería.

9

GESTIÓN DE LA INFORMACIÓN

-

DIGITALIZACIÓN

¿Cuál es el sentido del trabajo del tesorero?, ¿cúal es su objetivo principal? la respuesta más lógica parece ser: "asegurar tener las herramientas necesarias para que la compañía pueda hacer frente a sus obligaciones de pago y cualquier otra necesidad financiera (avales, confirming) que le pueda surgir. "

Sin embargo, actualmente lo que mueve el mundo es la gestión de datos, el "nuevo petróleo" como lo denominan algunos, o "new oil", otro anglicismo más que hace parecer mucho más interesante cualquier cosa que digamos.

Por lo que, el primero se supone y es el objetivo tradicional que obviamente se debe cumplir, y el segundo, la gestión de la información, es la parte más actual que debemos tener perfectamente interiorizada y gestionar de igual forma que el objetivo tradicional, porque en función de cómo lo hagamos se nos medirá y valorará. Y aportaremos el valor añadido a la compañía para convertir nuestro trabajo no en necesario, si no en imprescindible.

La información más importante que gestionamos y que ya he explicado cómo debemos tratar es:

- ▶ Presupuesto de tesorería.
- ▶ Resumen financiación banca: total bancos.
- ▶ Fichero de cobrabilidad de clientes.
- ▶ Claves acceso banca electrónica.

Ya expliqué como ordenar esta información y con quien compartirla para que resultase útil.

9.1 ¿CÓMO, CUÁNDO Y CON QUIÉN COMUNICARSE Y COMPARTIR LA INFORMACIÓN?

Pero la pregunta es ¿qué hacer con el resto de información que manejamos, con los hechos que suceden a diario y que a veces solo nosotros conocemos?

En ocasiones, un suceso que nos puede parecer nimio y sin importancia puede ser en realidad trascendente y debemos compartirlo de inmediato, el no hacerlo puede traer malas consecuencias.

En otras ocasiones, algo que para nosotros es importante y que compartimos con el resto de la organización, involucrando a muchas personas en ello, resulta ser un algo sin trascendencia ni importancia alguna.

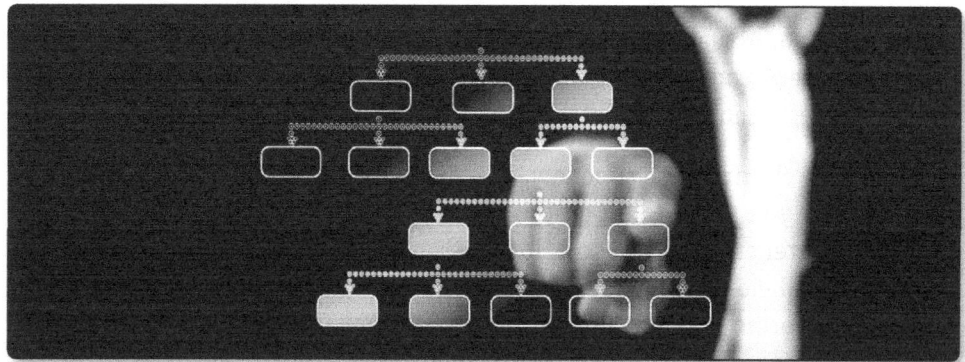

Y por último, puede suceder que hablando con una persona conozcamos un proyecto que se está desarrollando en la compañía o una nueva necesidad financiera del mismo que nos obliga a solicitar nuevas líneas de financiación por ejemplo, y comencemos esa negociación dando por supuesto que "el director financiero" está al tanto de este asunto, cuando en realidad no es así.

Y cuando hayamos avanzado mucho en la negociación bancaria y se lo comentemos casualmente en otra reunión, entre en cólera por no haberle compartido la cuestión, que nosotros "suponíamos" que ya conocía. No debemos "suponer" nada y tener certeza de todo, y si no la tenemos cerciorarnos de ella.

¿Qué podemos hacer para distinguir lo importante de lo que no lo es? Lo primero es distinguir entre peticiones y compartir información.

9.1.1 Peticiones

Las peticiones también son gestión de información, de procesos, pero que nos llevan a gestionar datos, y como tal hay que tratarlas y tener clara su gestión. Principalmente hay dos tipos de peticiones:

1. Avales

Los avales normalmente se solicitan al comienzo de una obra por exigencia del cliente en el contrato, "aval técnico de fiel cumplimiento", para cobrar un anticipo del cliente, "aval económico de anticipo", para evitar que nos practiquen retención en las facturas que emitamos, "aval económico de retenciones", y de garantía al finalizar la obra, "aval técnico de garantía".

El primer problema es ¿quién nos pide los avales?, a mí me han llegado a pedir avales de una de nuestras compañías cuatro personas diferentes, hasta que lo organicé de forma que siempre fuese la misma persona la que me los pidiera, para evitar esa descoordinación.

Y el segundo problema es ¿qué documentación e información nos facilitan para solicitar el aval al banco? Hay que ser consciente de la trascendencia e importancia de un aval y del estudio que realiza el banco de este antes de emitirlo, por lo que debemos suministrarle a la entidad financiera la documentación necesaria para ello, que es:

- Contrato/pedido firmado, borrador de este si no está firmado y/o carta de adjudicación.
- Modelo del aval.
- Importe.
- Vencimiento.
- NIF y dirección del emisor y del beneficiario.

Con estos datos, ya podremos gestionar la petición del aval ante el banco seleccionado en base a la información que tenemos recogida en la hoja resumen Avales.

También es una importante labor nuestra el "educar" al personal de la compañía con el que tratamos en la importancia de los instrumentos financieros y la correcta utilización de estos, para que cuando soliciten un aval, transferencia, compra con VISA, crédito documentario o cualquier otro producto financiero, sean conscientes de la trascendencia de su solicitud y la realicen correctamente y suministrando la documentación e información necesaria para ello.

2. Transferencias y compras visa

Por muy sistematizada que esté nuestra organización, y por muy ordenado que esté el proceso administrativo de compra, recepción de factura, contabilización, aprobación y pago de esta en el vencimiento correspondiente, siempre va a haber "excepciones que confirmen la regla".

Es decir, pagos que nos soliciten fuera de los habituales días de pagos, incluso fuera de los días "extraordinarios" creados a tal efecto aparte de los días de pago habituales. O adelantar algún pago por diferentes razones: extravío de la factura del proveedor por culpa nuestra, "hacerle un favor" a un proveedor estratégico, exigencia de este para cumplir con entrega.

Los pagos pueden ser mediante transferencia al proveedor, compra por VISA, transferencia directa a un empleado, ¿qué hacer en estos casos?, pues lo mismo que en el punto anterior, que sea siempre la misma persona la que nos los pida, una persona de la que nos fiemos, con autoridad para coordinar, gestionar y sobre todo validar esas solicitudes antes de finalmente trasladarlas a nosotros. Y que comparta la responsabilidad de la decisión.

Obviamente dependiendo del importe, podemos gestionar nosotros mismos la realización de la transferencia o si consideramos que la cifra lo requiere, hacerle partícipe del tema al director financiero.

¿Y cómo podemos lograr que sea siempre la misma persona la que nos solicite estas peticiones?, pues simple y llanamente bloqueando el acceso de los trabajadores a nosotros a través de una herramienta como la matriz de comunicaciones, en la que figure que personas se pueden comunicar con nosotros, con perfecta definición de sus puestos y cargos dentro de nuestra organización.

Esta matriz de comunicaciones debe suministrarse a todo el personal de la compañía y exigirse su cumplimiento. Si algún trabajador se la salta y se comunica con nosotros directamente, simplemente debemos recordarle la existencia de esta, y su obligado cumplimiento que nos impide comunicarnos con él, indicándole que dirija su petición a la persona correspondiente e interrumpiendo de inmediato la comunicación con él.

Lo ideal para fortalecer el cumplimiento de la matriz de comunicaciones es vincular su seguimiento con la retribución variable del personal de la compañía.

9.1.2 Compartir información

Esta segunda parte es más compleja que las peticiones, porque es difícil distinguir que hechos son relevantes y pueden tener una trascendencia tan importante que debamos comunicarlos al director financiero y/o consejero delegado.

Por ejemplo, ¿cuándo es preocupante la demora en el pago de un cliente?, ¿cuándo deberíamos hablar con el director financiero de ello, si no recibimos respuesta adecuada de la persona a la que le enviamos los informes de cobrabilidad sobre ese impago?

¿Qué importe negativo en el resultado final del presupuesto de tesorería es tan elevado que debamos acudir al director financiero y al consejero delegado para dar la voz de alarma?

¿Cuándo quejarnos de una persona de la organización que no responde a nuestras peticiones de información, ni a nuestras indicaciones sobre los plazos de envío de esta?

¿Cómo saber si debemos comentar "desencuentros" habituales con un gestor bancario o con un auditor que se repiten y son cada vez más molestos y desagradables?

Si llevamos varios meses en una filial con importes negativos en su presupuesto de tesorería y enviando fondos a ella. ¿Cuándo es realmente preocupante para comentarlo a nivel superior al nuestro, si ni la responsable administrativa de la filial, ni el gerente de esta nos han facilitado una respuesta sólida acerca de los continuos importes negativos en su presupuesto de tesorería?

Obviamente, la experiencia nos indicará cuando estas situaciones u otras más que se produzcan sean lo suficientemente preocupantes para compartirlas a nivel superior.

Pero hasta que tengamos esa experiencia deberemos usar el sentido común, que como mi difunto padre decía "es el menos común de los sentidos", y comentar situaciones que nos resulten "extrañas, delicadas, peligrosas y/o preocupantes" cuando así lo creamos conveniente.

Lógicamente hay que tener en cuenta que tanto el director financiero, como el consejero delegado y nosotros mismos estamos muy ocupados y no nos sobra el tiempo, así que seamos conscientes que si vamos a hablar con ellos sea realmente por algo serio e importante.

No vayamos para comentar "chascarrillos, chismes o cotilleos" sin trascendencia porque lo único que acarreará será pérdida de tiempo. Comentemos solo aquello que sea realmente importante y que pensemos que puede tener trascendencia e implicaciones futuras preocupantes.

Y como he dicho, si tenemos duda, usemos nuestro sentido común y nuestro instinto. Que en ocasiones nos puede indicar que un hecho aparentemente "intrascendente" puede ser relevante y debe ser compartido. Y sobre todo, si hay algo que no tenemos claro, comentémoslo, no nos quedemos con la duda de si deberíamos haberlo hecho.

Es una situación similar a la de un niño pequeño que no se encuentra bien. Puede que tenga unas pocas décimas de fiebre, o solo que no esté comiendo adecuadamente, o que tenga un ligero dolor de cabeza y/o malestar general. ¿Qué hacemos?, ¿le llevamos al hospital por eso o esperamos a que mejore?, ¿y si empeora?

Siempre que me he encontrado en esa situación he llevado a mis hijos al hospital. Tras reconocerles, en unas ocasiones les han recetado fármacos y tratamientos, en otra le llegaron a ingresar a uno de ellos y en otras nos indicaron que no tenían nada, que todo estaba bien, solo algún ligero malestar que ya pasaría, como así sucedió. Acudí a servicios de urgencias de hospitales, clínicas y ambulatorios de distintas ciudades, en diferentes provincias y jamás me reprocharon el haber llevado a los niños por algo sin importancia.

¿Y por qué?, porque siempre vieron a un padre preocupado por sus hijos, nunca alarmado en exceso o sin razón, pero si preocupado. Y que no quería poner en peligro la salud de sus hijos, por una falsa prudencia en no molestar a los servicios médicos.

En el ámbito empresarial sucede exactamente lo mismo. Si por nuestra mente cruza el pensamiento de que hay algo que deberíamos comentar, hagámoslo. En el peor de los casos, si no resulta trascendente y realmente tampoco es importante, ya lo averiguaremos.

Pero nosotros habremos dado la voz de alarma, y sobre todo nos habremos quedado tranquilos, porque no hay nada más perturbador laboralmente y en cualquier otro ámbito de la vida que dudar entre hacer algo o no. Y como digo, si realmente no era importante lo comunicado, tanto el director financiero como el consejero delegado valorarán nuestra preocupación por el bienestar de la compañía, como el personal de los servicios médicos valoró mi preocupación por el bienestar de mis hijos.

9.2 DIGITALIZACIÓN PROCESOS DE ADMINISTRACIÓN

Es totalmente imprescindible poner en marcha cuanto antes el proceso de digitalización, caso de no estar ya implantado, la política de "papel cero" debe ser una máxima que rija permanentemente los procesos administrativos de la compañía, y las ventajas, que indicaré en este apartado, son enormes. Pero más allá de todo eso, se trata de una política actual, acorde con el reciclaje, la reducción en el consumo de energía y la sostenibilidad, en la que hay que estar sí o sí.

Y antes quiero recordar cómo era hace tiempo la gestión administrativa, en la compañía donde trabajo, de dos documentos muy importantes: las facturas emitidas a clientes y las declaraciones de IVA e IRPF.

1. Facturas emitidas a clientes

El grupo donde presto mis servicios como tesorero emite 3.500 facturas al año. Antes se archivaban físicamente en archivadores, siguiendo dos criterios: por fecha y por cliente. Había una carpeta por cada mes y dentro todas archivadas por nº. Y en otra balda, todas archivadas por clientes.

Cuando debías buscar una factura físicamente acudías a uno u otro archivador, pero en ocasiones la factura no estaba porque faltaba o estaba mal archivada, con la consiguiente ineficiencia y pérdida de tiempo.

Por no hablar de los recursos que dedicaba una persona a mantener ambos archivos y el coste del papel, las carpetas, el espacio que ocupaban y su transporte anual al almacén para dejar sitio para las carpetas del nuevo año. Por suerte todo esto ya desapareció hace tiempo.

2. Declaraciones de IVA e IRPF

Como ya expliqué, presentamos declaraciones mensuales de ambos impuestos en 4 haciendas: Agencia Tributaria, Diputación Foral de Bizkaia, de Guipúzcoa y de Álava.

Anteriormente se presentaban al banco, que las devolvía selladas tras cargarlas en cuenta. Se archivaban en carpetas ordenadas por meses, en algunos casos grapadas.

Es una documentación que suelen exigir los bancos. Cuando la pedían debía escanear todas las declaraciones y enviarlas por fax o correo electrónico. Era un proceso que me llevaba entre 30 y 60 minutos como mínimo.

El problema del tiempo que dedicaba una persona a mantener ambos archivos y el coste del papel, las carpetas, el espacio que ocupaban y su transporte anual al almacén es el mismo que en el punto anterior.

Este sistema también fue ya eliminado.

Actualmente todas las facturas están escaneadas digitalmente y no mantenemos ninguna archivo físico, con el consiguiente ahorro de tiempo que ello llevaba y de material. La persona que realizaba esas tareas se jubiló y su puesto no se cubrió por no ser necesario. Cuando necesito una factura solo tengo que buscarla por su número en el archivo digital.

Respecto a las declaraciones de IVA e IRPF se presentan digitalmente a través de las páginas electrónicas de cada hacienda y el comprobante de estas se archiva en un fichero de la red común al que solo tenemos acceso el personal de administración de la compañía. Puedo acceder a las mismas desde mi domicilio y enviarle todas las de un año al banco que me las pida en apenas unos minutos. También mejora el ahorro de tiempo y material que se dedicaba a ello.

Pero estos son ejemplos en cuanto al papel que generamos, ¿y qué sucede con el que recibimos? Aún hay bancos que envían documentación bancaria a través de correo postal: extractos, comprobantes de liquidaciones de intereses, cuotas de préstamos, cobros, pagos, etc.

Información que no sirve absolutamente para nada, salvo hacernos perder tiempo en abrir el sobre por si en ella recibimos un cheque. ¿Por qué esa información no sirve para nada?, porque ya la podemos obtener de forma inmediata a través de la banca electrónica de cada entidad financiera.

Desde hace tiempo, envío regularmente correos electrónicos a los bancos que nos envían documentación física ordenándoles que dejen de hacerlo porque el recibirla nos supone una pérdida de tiempo. Ya apenas son unos pocos los que continúan haciéndolo y no pararé hasta que no sea ninguno.

Respecto al envío de cheques y/o pagarés por parte de los clientes. Hablo personalmente con ellos y les solicito que nos realicen transferencia, a lo que normalmente ninguno se niega.

El cheque y/o pagaré, supone un coste superior a la recepción de la transferencia, porque además de que la fecha valor real de disposición del importe en nuestra cuenta es mayor, nos obliga a custodiar el documento hasta su vencimiento en el caso del pagaré y en ambos casos a enviar un mensajero con el documento físico al banco para su ingreso, además de la comisión que a veces nos cobra el banco por dicho ingreso.

Si nos fijamos en la fotografía que figura en la página 10 de este libro, el tesorero que trabaja frente al ordenador no tiene ningún papel a la vista, solo esta él y su máquina. Ese debe ser nuestro entorno laboral, sin papel alguno que nos distraiga, ni nos obligue a pérdidas de tiempo improductivas con su ordenación y archivo.

Porque como ya he dicho, la digitalización total de los procesos administrativos de la empresa supone muchas ventajas:

1. Ahorro de espacio y tiempo de ordenación y archivo.

2. Ahorro en papel y carpetas.

3. Contribución a la mejora del medio ambiente con la reducción de medios materiales y el transporte de estos.

4. Imagen de la compañía moderna, actual y más eficiente, opuesta a otras que continúan exigiendo papel en sus procesos administrativos.

5. Reducción costes de mensajería, tóner de impresora y comisiones bancarias al no ingresar cheques y pagarés en nuestras cuentas.

6. Ahorro de tiempo de impresión de documentos, contabilización, ordenación y archivo de un cobro, por ejemplo. Al realizar todo ese proceso digitalmente.

Por lo que hay que tener claro y ser conscientes de que la digitalización y la política de "papel cero" no es una opción, si no una obligación ineludible.

RECUERDA:

▼ Hay que tener una matriz de comunicaciones, que regule quien se puede comunicar con nosotros.

▼ Si por nuestra mente cruza el pensamiento de que hay algo que deberíamos comentar, hagámoslo.

▼ La digitalización y política de "papel cero" no es una opción, si no una obligación ineludible.

10

GESTIÓN DE EMOCIONES LABORALES

Como ya hemos visto en los anteriores capítulos, el tesorero, para poder desarrollar correctamente su trabajo debe estar en contacto con muchas personas de diferentes departamentos. Y es necesario tener con todas ellas, trato y comunicación fluidas. Para lograrlo debemos saber gestionar las emociones que se producen en el ámbito laboral.

¿Cómo convivir con una persona que no soportamos?, ¿qué hacer cuando debemos trabajar codo con codo con alguien con el que no logramos establecer la más mínima conexión?

Obviamente podemos limitarnos a tener única y exclusivamente contacto profesional con esa persona, pero si no conseguimos establecer un mínimo contacto personal y superar el malestar que nos produce su presencia, acabará afectando a nuestra relación con él y a nuestro trabajo.

¿Cómo soportar la presión?, ¿qué hacer cuando comienzas a sentir taquicardias en la oficina, tienes palpitaciones en el ojo, ataques de ansiedad y te despiertas de madrugada pensando en ese cliente que no te paga?

Si no controlamos estas situaciones, además de afectar a nuestro rendimiento, acabaran perjudicando seriamente nuestra salud. Hay técnicas muy sencillas para luchar contra estos problemas y saber convivir con situaciones tan adversas.

Son muchos los procedimientos que nos pueden ayudar, pero hay que tener claro que el que sirve para una persona, puede que no ayude a otra. Debemos buscar el que mejor se adapte a nuestra personalidad, y sea realmente efectivo por nuestra forma de ser. Si probamos uno y no funciona, simplemente habrá que intentar con otro, hasta encontrar el adecuado para nosotros.

10.1 DIVISIÓN VIDA PERSONAL/LABORAL

Esta es una de las principales decisiones que debemos tomar a la hora de enfrentarnos a las emociones provocadas por nuestro trabajo. ¿Qué influencia va a tener nuestro trabajo y las personas relacionadas con él, en nuestra vida personal?

Cuanto más separados estén ambos mundos mejor nos irá. Veámoslo con un ejemplo: de todas las personas que he conocido en mi vida profesional, una de las que más presión soportaba era el director técnico de mi empresa en los años 90, un gran profesional y aún mejor persona.

Tenía la presión continua de luchar en licitaciones de obras contra una competencia despiadada, con márgenes cada vez más estrechos y la presión añadida de que una vez conseguido el contrato, había que obtener beneficio en la realización de este. Las ofertas se realizaban con un margen tan pequeño, que cualquier desviación económica de la obra, acarreaba a pérdidas.

El director siempre estaba sonriente y dando ánimos, y me costaba comprender como podía estar de tan buen humor. Básicamente hacía dos cosas: fumaba constantemente en la oficina, como tantas personas lo hacían por aquel entonces, y en la ceniza de cada cigarro dejaba parte de los problemas, y jamás hablaba de trabajo con su mujer. Cuando llegaba a casa, su mundo laboral desaparecía, y tenía esas imprescindibles horas de reposo que todos necesitamos para cargar pilas y afrontar el día siguiente en condiciones óptimas.

Obviamente, si tu jefe te llama a las 19:52 PM para comunicarte que habéis perdido un juicio muy importante, y que hay que realizar un pago de 5 MM euros en 7 días, que no tenías previsto y para el que no tienes liquidez, es realmente complicado finalizar la llamada y continuar sonriendo a tu pareja como si nada sucediera, cenar, ver la televisión e irte a la cama tranquilamente. Es totalmente lógico, comprensible y sobre todo muy humano, contar el problema y trasmitir tu ansiedad. Pero ¿realmente nos sirve para algo hacerlo?, puede que sientas un desahogo momentáneo al pronunciar las palabras, pero aparte de eso, poco más lograrás.

Tu pareja no podrá ayudarte, salvo que tenga 5 MM euros que prestar a tu empresa. Y habrás traído el problema a casa, impregnando el ambiente, pegándolo en el sofá, en los platos, en los cepillos de dientes y sobre todo en tu almohada. Tu pareja te dirá la respuesta más razonable: que trates de olvidarlo, porque en ese momento no puedes hacer nada, que mañana ya se te ocurrirá algo. El beneficio obtenido con el desahogo inicial al contar el problema desaparecerá al instante y será menor que la pérdida por haber contaminado tu hogar con los problemas laborales.

En cambio, si cuando cuelgas, y te pregunta tu pareja, ¿qué quería tu jefe?, le respondes: "nada, ya sabes, una tontería de la suyas", y te concentras en hacer la cena. Quizás y solo digo quizás, puedas olvidarte del problema, y desconectar del mismo, dormir y tener la mente lo suficientemente lúcida y despejada al día siguiente para encontrar una solución, que siempre la hay: un nuevo recurso a esa sentencia, pedir un préstamo a varios bancos, solicitar más tiempo para realizar el pago, acordarte de ese compañero del colegio que viste hace poco y que es abogado especialista en este tipo de casos, y muchas cosas más que se pueden hacer, siempre y cuando tengamos la mente clara, tras haber desconectado y descansado lo necesario.

Para poder hacer esto, hay que ser una persona madura y fuerte mentalmente, tener las cosas muy claras, y sobre todo pensar antes de hablar en la trascendencia y las consecuencias que van a tener las palabras que pronunciemos, cosa que poca gente hace. Y tener además una pareja lo suficientemente inteligente, para que cuando se dé cuenta de que algo grave te pasa, en vez de preguntártelo, te ofrezca una conversación que nada tenga que ver en absoluto con tu trabajo, para que logres alejarte de ese problema, y cuando lo retomes al día siguiente tengas la perspectiva necesaria para resolverlo.

Como todo en la vida, los extremos no son buenos y también se pueden buscar soluciones intermedias a esta situación. Es decir, ámbitos de nuestra vida privada donde comentes los problemas laborales y otros donde jamás los menciones.

Por ejemplo, puedes tener un amigo íntimo al que llamar y comentar la situación y obtener alivio al verbalizar el problema. Y al colgar, continuar dejando el problema fuera del hogar. O si eres de los que necesitan ineludiblemente contárselo todo a tu pareja, problemas laborales incluidos, puedes hacerlo, aunque no lo recomiendo, y tener una "burbuja privada", alejada de todo tu mundo laboral en otro lugar y con otras personas: un grupo de amigos con los que practiques deporte regularmente y con los que jamás hables de tu trabajo, tus hermanos o padres, con los que quedes habitualmente y no compartas con ellos tus problemas laborales y/o tus hijos, a los que mantengas al margen de tu trabajo.

Pero lo que es absolutamente imprescindible es tener un ámbito privado en el que no hables de tu trabajo, ni de los problemas que de él se derivan, tanto por ti mismo, como por los demás. Porque no hay nada más aburrido, que la típica persona que siempre que te la encuentras de lo único que te habla es de su trabajo, de su jefe, de su empresa, de sus compañeros y de los problemas que tiene.

Todos conocemos personas así, y tratamos de evitarlas como la peste. No seas como ellas, y si lo eres, deja de serlo, repito, por ti mismo y por los demás.

Además, estar continuamente pensando y hablando de nuestro trabajo, tampoco es bueno profesionalmente para nosotros, es absolutamente imprescindible tener espacios temporales e incluso "físicos" donde simplemente nuestro trabajo no exista y explico el porqué.

Cada tarea, problema e incluso preparación de un examen requiere un número exacto de horas de dedicación para alcanzar el mayor rendimiento posible, la mejor nota en un examen o la mejor preparación posible de un informe solicitado. Si dedicamos más horas de las idóneas a esa tarea, lo único que obtendremos será empeorar el resultado, al estar "mareando la perdiz" al dar vueltas sobre algo que no nos va a llevar a ningún sitio.

Si estudiamos 20 horas para un examen, obtendremos un 7, con 25 un 8 y esa será nuestra nota máxima posible. Pero si continuamos estudiando hasta las 30 horas la nota descenderá de nuevo hasta el 7 y con 35 horas de estudio obtendremos un 6 en nuestra calificación, porque comenzaremos a confundir la información, y la materia se nos volverá confusa y espesa, hasta dudar de nuestros conocimientos sobre ella. Debemos dedicar a cada tarea el tiempo justo y necesario, ni más, ni menos, averiguar cuál es esa cifra exacta es lo que nos convertirá en buenos profesionales.

Por ello es imprescindible, desconectar del trabajo, tener vida privada, aficiones e intentar separar la vida profesional y la personal lo máximo posible, siendo conscientes de la dificultad que ello implica si estamos involucrados al 100% en el trabajo, nos gusta y disfrutamos con él, pero hay que hacerlo, porque será beneficioso para la calidad de nuestra producción y rendimiento laboral.

10.2 RELACIONES PERSONALES EN OFICINA

Es imposible no tener confrontaciones personales en el ámbito laboral, como se tienen en el ámbito privado con familiares y amigos. Lo más importante de ellas se resume en dos puntos:

1. Es imprescindible saber gestionarlas correctamente.

2. En muchas ocasiones, no existen tales confrontaciones, sino que se trata de interpretaciones erróneas o situaciones que dan pie a malentendidos.

Por ello, lo más importante de todo, cuando tengamos o creamos tener un problema con un compañero, jefe, subordinado, cliente, proveedor, gestor bancario, auditor o cualquier otra persona, es mantener la calma y analizar la situación de la forma más objetiva posible. Si tenemos dudas, consultar con alguien de extrema confianza, buscar una solución, planificarla **y** ponerla en marcha hasta resolver el problema, y si esta no funciona, continuar buscando hasta dar con la adecuada para solucionarlo. Ya que, al ser cada persona diferente, las soluciones para afrontar los problemas con ellas pueden ser diferentes también.

Básicamente los problemas que se pueden tener con personal externo/interno se resumen en dos:

1. No soportas a alguien con el que debes trabajar estrechamente, y esa animadversión que sientes hacia a él, condiciona tu forma de trabajar juntos, afectando las tareas que desarrolláis en común.

2. Alguien te está atacando, o crees que lo está haciendo. Puede ser un jefe que te presiona, un compañero que intenta aprovecharse de ti y de tu trabajo en su propio beneficio, un subordinado que tarda en obedecerte, afectando su negligencia a tu rendimiento o un auditor o gestor bancario que te plantea continuamente problemas.

¿Qué podemos hacer en estos casos?, lo más importante, y voy a repetirlo hasta la saciedad, es conservar la calma, porque es muy fácil que este tipo de situaciones nos lleven al límite y cometamos estupideces de las que luego nos arrepintamos. Como yo, que hace años, al terminar una discusión telefónica con una persona que no soportaba, acabé golpeando repetidamente el auricular del teléfono fijo hasta romperlo. El informático que vino a sustituirlo me vio tan afectado, que al día siguiente me regaló una pequeña canasta de baloncesto con una pelotita, para que intentase encestar cuando estuviera de nuevo en una situación similar. Aún la conservo y la verdad es que me ayuda mucho. Pero antes de llegar a este extremo, se pueden hacer cosas para evitar que esto te suceda a ti. Veámoslas.

1. No soportas a alguien con el que debes trabajar estrechamente

1.1. Averiguar porque no soportas a esa persona y esforzarte por superarlo

Cuando se tienen problemas con una persona con la que tenemos que trabajar estrechamente, lo primero es averiguar la razón de tener esos problemas.

¿Por qué no soportamos a esa persona?, ¿qué es eso tan terrible que nos ha hecho para que nos resulte tan complicado trabajar con ella?

La mayoría de las veces se trata de malinterpretaciones o cosas sin importancia lo que nos molesta de esa persona, analizándolo de forma subjetiva podemos superarlo y solucionar el problema. Pero hay que ser capaz de hacer ese análisis subjetivo y sobre todo "esforzarnos" por superar el problema y evitar que vaya a más o se enquiste definitivamente.

Yo suelo tener problemas con los "sabelotodos", personas que piensan que tienen conocimientos de cualquier tema, cuando a veces tienen menos edad y experiencia que tú. Reconozco que llevo mal tratar con gente joven que resulta a veces demasiado "listilla". Si en cambio se acercan a mí con respeto, obtienen toda mi atención y ayuda.

Hace un par de años, se contrató a una persona nueva que entró directamente en mi departamento y con la que comencé a trabajar. Inicialmente era muy respetuosa y amable, pero según fue cogiendo confianza empezó a resultarme ligeramente "incordiante". No me atacaba de forma directa, pero era la típica persona, que siempre sabia de todo y opinaba de todo, algo que me resulta muy molesto. No hacía deporte, ni conducía, ni tenía hijos, por ejemplo, pero opinaba de los tres temas como si fuera una experta.

Estaba sentada apenas a tres metros de mi puesto y me resultaba cada vez más molesta su presencia. Hasta que un día, me di cuenta, de que simplemente lo que le pasaba era que estaba sola y que necesitaba hablar y contar su vida de vez en cuando en la oficina. Y qué opinaba de cualquier tema, es cierto, pero es algo que realmente hace mucha gente.

No me podía permitir tener una sensación de rechazo hacia ella, porque colaborábamos en muchos asuntos y nuestra relación debía ser buena y fluida. Así que también, me esforcé por visualizar aspectos positivos de ella, y comencé a ver que se preocupaba mucho por sus padres y hermanos, también por otros compañeros.

Enfoqué mis pensamientos hacia ella en esa dirección cada vez que la veía o tenía que hablar con ella y la verdad es que logré una mejor percepción de ella. Pero obviamente tuve que esforzarme y darme cuenta de que realmente, ni la situación, ni la persona eran tan terribles como estaba percibiendo.

1.2. Buscar puntos en común con esa persona, para conectar a través de ellos

¿Qué podemos hacer, si lo descrito en el punto anterior no funciona?, es decir: hemos hecho un análisis subjetivo de esa persona, tratando de buscar sus aspectos más humanos y positivos y nos hemos esforzado por superar la situación. Y después de todo ello, seguimos igual, no la soportamos y esa repulsión que sentimos hacia ella comienza a afectar al trabajo que tenemos que realizar juntos.

Pues simplemente deberemos probar otra cosa. Muchas veces los problemas no se resuelven porque aplicamos siempre la misma solución para ellos, y si esta no funciona, no se nos ocurre otra. Pues habrá que buscarla.

Hace años, mi hijo que jugaba a baloncesto en el colegio estaba lesionado, y recuerdo estar viendo un partido de su equipo juntos. El base rival era muy bueno y estaba haciendo lo que quería: anotaba, repartía asistencias, volvía loca a nuestra defensa y no podían con él. El entrenador puso a diferentes jugadores a defenderle, pero ninguno logró frenarle. Se lo comenté a mi hijo y me indicó que todos le defendían igual. En el descanso habló con el entrenador, y en la segunda parte defendieron en zona en vez de en individual, con ayudas cuando el base atacaba y lograron frenarle. Ganaron el partido.

Si el punto 1.1 no funciona, busquemos otra cosa: puntos de conexión con esa persona, aunque nos parezca imposible tenerlos seguro que existen y nos ayudan a mejorar la situación. Veámoslo mejor con un ejemplo.

Hace años se construyó, una importante instalación portuaria de almacenamiento de gas en el puerto de la ciudad donde vivo. Mi empresa consiguió el contrato del montaje de las tuberías y el contrato de construcción de los tanques en UTE con una empresa competidora nuestra. Al ser una obra muy grande, nos presentamos en U.T.E. (Unión Temporal de Empresas) con nuestros competidores para tener más opciones, ellos eran especialistas en el montaje de tanques, en el que nosotros no teníamos experiencia. Se trataba de una obra de 12 MM euros, muy importante para nosotros porque podíamos aprender y adquirir experiencia en el montaje de tanques y porque las expectativas de resultado positivo en la misma eran elevadas.

La otra empresa dirigió la obra por su experiencia técnica y nosotros llevamos la administración. Yo fui el responsable de esta. El gerente de la UTE era un ingeniero de la empresa competidora, y yo jerárquicamente dependía de él. La duración estimada de la obra era de 2 años, y la presión porque todo fuera bien era bastante alta para mí.

Desde el principio no conectamos. Al comenzar la obra, yo acababa de ser padre y recuerdo que ese mismo día, al salir de la clínica, le envié el primer presupuesto de tesorería de la UTE, me llamó y me dijo que era una mierda, literalmente. Era su forma de comunicarse: agresiva y soez. El presupuesto estaba bien hecho y resumía la situación financiera perfectamente, simplemente realicé un par de cambios y se lo envié de nuevo. Entonces le pareció correcto. Era una persona joven y su inseguridad la salvaba con agresividad.

Era un asunto que debía resolver yo, porque, aunque en mi empresa sabían del carácter de esta persona, no me quedaba otra opción que tratar con él de la mejor manera posible, por el bien del proyecto, de mi empresa y el mío propio.

Las semanas pasaban y el asunto no mejoraba, los desencuentros eran continuos y se había convertido en una auténtica tortura trabajar con él. Intenté verle desde otro punto de vista, tratar de encontrar algún lado positivo en esta persona, pero no hubo manera. Entonces busqué alguna afición común, a través de la que pudiéramos conectar, pero tampoco la encontraba, no le gustaban los deportes, ni verlos ni practicarlos, ni futbol, ni baloncesto, ni ir al monte, ni correr o andar, tampoco el cine, ni leer, los típicos tópicos a través de los cuales, con un actor o un escritor, con una película o un libro, puedes conectar con alguien y mejorar la relación entre ambos. Tampoco era especial amante de la gastronomía, ni de cocinar, viajar o ir a la playa.

No era una persona que hablará de su vida privada, y me preguntaba, que demonios hacia cuando no trabajaba y por fin un día, por casualidad, lo averigüé. Lo que más le gustaba era estar con su hijo y jugar con él. A raíz de esto, se enterneció para mí su figura y cuando le dije que yo acababa de ser padre recientemente, su actitud hacia mi cambió, desapareciendo su agresividad. Conectamos por esa vía y comenzamos a comentar las experiencias de la paternidad, su hijo era mayor que el mío, y me dio algún consejo, que yo acepté de buen grado. A partir de entonces, siempre que nos reuníamos, primero hablábamos de nuestros hijos, resultando la reunión mucho más tranquila.

Los dos años transcurrieron plácidamente, ya que la obra se realizó de forma impecable y financieramente resultó un buen negocio para ambas compañías. Y a ello contribuyó en parte, que el gerente y el director financiero de la UTE tuviéramos una buena relación, que lógicamente, conseguí a base de esfuerzo, perseverancia y sobre todo "inteligencia emocional".

2. Alguien te está atacando o crees que lo está haciendo

Puede ser tu jefe que te trata mal con exigencias desmesuradas y críticas continuas a tu trabajo, un compañero que te exige que realices tareas que no están claramente definidas a quien corresponde realizar, un subordinado que continuamente pone inconvenientes y trabas a las tareas que le exiges y que te entrega tarde y/o mal la información que le demandas, el gestor bancario que no escucha tus peticiones o un auditor joven e inexperto que demanda información innecesaria y difícil de conseguir.

Todos estos problemas son bastante serios y pueden afectar de forma importante a nuestro trabajo y a nuestra vida en general, ya que los problemas de este tipo pueden llegar a trascender lo laboral y afectar a lo personal. Por lo que debemos afrontarlos de forma clara y decidida y resolverlos cuanto antes.

2.1. Analizar subjetivamente la situación

Una cosa es lo que realmente sucede y otra que puede ser distinta es lo que nosotros pensamos que está sucediendo. La mente muchas veces nos juega malas pasadas y podemos malinterpretar situaciones que nos lleven a preocuparnos por cosas que no deberíamos.

Por ello, es necesario una visión subjetiva de la realidad que estamos viviendo, para tener completamente claro, lo que realmente está sucediendo y no cometer errores.

Por muy claro que tengamos el problema, no está de más, preguntar por él, a alguien con el que lógicamente tengamos mucha confianza. Comentarle la situación y escuchar atentamente su opinión, porque quizás nos saque de un problema que realmente no existe y que nosotros mismos nos hemos creado en nuestra cabeza.

Puede que lo que nosotros pensemos que son ataques a nuestra persona, no sean más que comentarios generales no dirigidos a nosotros, y que interpretemos de forma errónea. Una vez que nos hayan sacado de nuestro error, deberemos trabajar internamente, el escuchar de forma subjetiva dichos comentarios, y dejar de pensar que se dirigen a nosotros.

Pero, si corroboran nuestra percepción, y coinciden con nuestra opinión de que esa persona nos está atacando, habrá que pasar al siguiente punto.

2.2. Comprobar si las situaciones son esporádicas o continuas

No es lo mismo ataques continuados que enfrentamientos esporádicos. Enfrentamientos o diferencias de opinión, es absolutamente normal tenerlos con las personas con las que compartimos el "día a día" de nuestro entorno laboral.

Es más, si no los tenemos, es que algo estamos haciendo mal, o que no tenemos opinión propia, o que no sabemos enfrentarnos a las personas y defender nuestro criterio, incluso imponerlo cuando sea necesario.

Pero si se da el caso, de que cada vez que tratamos con una persona, discutimos porque esa persona nos trata mal o se impone sobre nosotros de forma continuada, nos grita, nos insulta, nos falta el respeto en público y/o en privado, trabajé dentro de nuestra empresa o en otra diferente con la que tengamos relación, deberemos actuar, y cuanto antes mejor, porque sobre todo este tipo de situaciones raramente mejoran y por muy difícil que nos parezca, suelen empeorar.

Y si se "normalizan" pueden afectarnos y hacernos sufrir mucho. Debemos actuar rápidamente y en cuanto detectemos el primer síntoma, y no esperar a que mejore, porque como ya he dicho, eso rara vez sucede.

Además, como dice un refrán árabe: "lo que sucede una vez, puede que suceda o no una segunda, pero lo que sucede dos veces, ten por seguro que pasará una tercera y muchas más".

2.3. Enfrentarnos al problema directamente

"Más vale una vez rojo que cien colorado", esta sencilla frase indica a la perfección lo que se debe hacer en este tipo de situaciones: enfrentarse a ellas en el mismo instante que comiencen y no dejarlas, para más tarde, porque ello nos llevará a sufrir muchas situaciones desagradables.

¿Y cómo enfrentarse a ellas?, pues con educación, respeto, serenidad, calma y mucha firmeza. Hablando directamente con la persona que nos está atacando y dejándola bien claro que los ataques terminan después de esa conversación.

Lo ideal es que la conversación sea cara a cara y en privado, pero también por teléfono puede servir, aunque no es lo idóneo. Es normal tener miedo al enfrentamiento y de las consecuencias que de él se puedan derivar, pero hay que tener en cuenta dos cosas: si no tenemos ese enfrentamiento, las consecuencias serán aún peor, y normalmente el tipo de personas que realizan esos ataques son vulgares y débiles, por lo que, ante una postura firme, decidida y educada, se desmontan y acatan la lógica que transmitimos.

Además, después de enfrentarnos y aclarar la situación, nuestra autoestima subirá de forma exponencial y tendremos más fuerza para enfrentarnos a los próximos problemas que tengamos, Si no lo hacemos, viviremos acomplejados y cualquier pequeño problema futuro que tengamos nos parecerá muy complejo y difícil de resolver, al tener nuestra autoestima baja,

No se trata solo de superar la situación por nosotros mismos, sino también por nuestro futuro profesional.

10.3 REPARTO DE RESPONSABILIDADES

Básicamente hay dos formas de repartir responsabilidades dentro de un departamento: reparto aislado de responsabilidades y responsabilidad conjunta.

10.3.1 Reparto aislado de responsabilidades

Este reparto consiste en que cada persona asuma totalmente la responsabilidad de sus tareas, con lo que todo ello conlleva, tanto para bien, como para mal.

Veamos dos ejemplos concreto:

- ▻ El reclamo de las facturas vencidas pendientes de cobro: en esta forma de reparto de tareas, debería ser el tesorero el que reclamase el cobro de estas.

- ▻ La persona que contabiliza las facturas de proveedores es la única responsable de que todas estén registradas correctamente en cada cierre mensual.

Este planteamiento, puede parecer totalmente lógico y normal, y yo, de hecho, así lo viví un tiempo. Pero ¿qué sucede cuando la persona responsable no es capaz de cumplir con sus tareas, ¿quién sufre las consecuencias? Por supuesto él en un primer momento, pero al final es la empresa la que padece la falta de liquidez y la que sufre tener una contabilidad deficiente al haber dejado muchas facturas sin contabilizar. Por lo tanto, no es un sistema eficaz.

10.3.2 Reparto conjunto de responsabilidades

En este reparto, las responsabilidades son conjuntas, primero en el departamento y finalmente en toda la empresa.

¿Qué quiere decir esto en la práctica?: pues que todo el mundo está involucrado en la obtención de resultados. Y todo el mundo debe ayudar a reclamar las facturas vencidas pendientes de cobro a los clientes y ayudar a contabilizar facturas de proveedores, si por una punta de trabajo la persona que habitualmente lo hace está desbordada y no puede registrar todas correctamente.

De esta forma tendremos la seguridad que se destinan todos los recursos disponibles a la resolución de los problemas que puedan surgir, y la eficiencia de la empresa será la máxima posible.

Este es el mejor sistema, ya que implica solidaridad entre todos los miembros de cada departamento y entre todos los departamentos entre sí. Pero lógicamente su funcionamiento debe ser trasmitido de forma clara y detallada por el consejero delegado.

Obviamente este sistema requiere un mayor esfuerzo por parte de cada trabajador, pero, por otro lado, favorece la unidad de los trabajadores dentro de la organización, les hace partícipes de más ámbitos de actuación y de la marcha general de la empresa, y cohesiona las diferentes unidades de negocio en el fin común que es la maximización de todos los recursos disponibles en aras de alcanzar la mayor eficiencia posible en todos los ámbitos de la empresa. Por lo tanto, es un sistema eficaz.

10.4 AFICIÓN IMPRESCINDIBLE QUE REQUIERA ESFUERZO

Es absolutamente imprescindible para ser un buen profesional tener una afición, que requiera un esfuerzo por nuestra parte. No hay nada más lamentable y aburrido que una persona que única y exclusivamente habla de su trabajo y carece de otros temas de conversación y de otras pasiones que le ocupen tiempo y esfuerzo.

Las excusas para no tener dicha afición son muy variadas: no tengo tiempo entre el trabajo, los niños, la casa, bastante hago con todo lo que tengo que hacer, es que yo no soy de hacer cosas.

Sin embargo, dedicar demasiado tiempo al trabajo resulta negativo para el propio trabajo en sí mismo, nos impide tener perspectiva de este y una mente más abierta que nos haga ver soluciones a los problemas laborales que se nos plantean.

Lo ideal es que sea una afición deportiva, ya que el estar en forma hará que pensemos mejor, pero sobre todo debe ser algo que nos guste de verdad, y que no hagamos obligados. Que implique un esfuerzo que nos haga olvidar y relativizar el otro esfuerzo diario que hacemos en nuestro trabajo. Y que nos marque unos retos, desafíos, objetivos que deberemos esforzarnos por conseguir.

Pero, repito, lo más importante es que nos guste y no lo hagamos obligados, o porque se supone que es bueno para nosotros. Hace un par de años no hacía deporte, ni tenía ninguna afición y mi mujer me animó a ir a un gimnasio: visité uno cercano a mi domicilio, con unas instalaciones muy completas. Una encantadora recepcionista me mostró todas ellas y me indicó con todo lujo de detalles la oferta de actividades que allí se ofrecía, que era abrumadora: pesas, zumba, body pump, pilates, bodyfit, pump, yoga, crossfit, stretching, cycling, era prácticamente imposible no encontrar algo que me gustase. Salí de allí con un vale invitación para realizar una visita de cortesía y probar las instalaciones. Jamás regresé, no era lo mío.

Tras pasar entre 9 y 10 horas en una oficina, la mayor parte frente a una pantalla o en duras reuniones, lo último que me apetece es volver a encerrarme para sudar acompañado de desconocidos. Hace años corría un par de veces por semana con un par de amigos y me encantaba, comenzamos a correr carreras populares de 10 km, luego corrimos medios maratones y acabamos corriendo un maratón, disfrutaba mucho corriendo, era con lo que mejor combatía el stress.

Sin embargo, hace 10 años me rompí el tendón de Aquiles y los médicos me desaconsejaron totalmente volver a correr. Al principio estuve año y medio nadando, y me vino muy bien, pero acabé aburriéndome. Así que volví a correr, pero tuve molestias y me recordaron que no era una buena idea y que podía quedarme cojo si me rompía de nuevo el tendón.

Así me encontraba sin poder correr, con 44 años, un pasado deportivo activo, aburrido de nadar y sin ganas de meterme en gimnasios. Pasé una temporada sin hacer nada, y coincidió con diversos cambios en la empresa y mucha carga de trabajo, así que me centré en eso y realmente no hacía nada más que trabajar, salir tarde e irme a casa. No realizaba un trabajo brillante a pesar de que trabajaba más horas que las que marcaba mi horario, o más bien, pasaba más horas que las que marcaba mi horario en la oficina.

Finalmente comencé a sentirme físicamente mal y tuve la necesidad de hacer algo. Un día me encontré con el hermano de uno de mis amigos con los que corría, que era un gran corredor, además de fisioterapeuta y me dijo que él también había dejado de correr por una lesión, y lo había pasado muy mal. Ahora andaba, me explicó que andar es mucho más sano que correr porque las articulaciones sufren menos, el líquido sinovial se calienta poco a poco andando y evita la fricción que sufre la rodilla corriendo.

Al principio me pareció un ejercicio más propio de ancianos, pero comencé a dar paseos de hora y media y me resultó increíblemente satisfactorio estar al aire libre sin mirar un móvil o un ordenador durante ese periodo de tiempo. Hay múltiples recorridos desde mi domicilio y puedo alternarlos, en función de la intensidad con que quiera realizar el ejercicio, incluyendo más o menos cuestas. Yendo más rápido o más despacio. Pronto comencé a sentirme bien físicamente, pensar mejor y realizar un trabajo de mayor calidad.

Por otro lado, siempre me ha gustado escribir, y a raíz de que mi mujer realizó un curso de creación de páginas electrónicas, me propuso crear un blog y que escribiese un artículo semanal: *https://www.veroemprende.com/* lleva funcionando ya más de dos años, con más de 150 artículos publicados. Y sinceramente he de reconocer que desde que realizo estas dos aficiones, mi trabajo ha mejorado, o por lo menos eso es lo que me ha dicho mi jefe.

Mi trabajo es ahora mejor porque tengo otras ocupaciones que me alejan de él, y me permiten volver a centrarme en él cuando mi mente se ha refrescado, liberado, reseteado y me ofrece soluciones originales a problemas que me parecían imposibles de solucionar.

Es importante decir, que hay semanas que me cuesta escribir el artículo semanal y que a veces incluso crece el temor en mí, al pasar los días y no ocurrírseme ningún tema sobre el que escribir, pero incluso ese temor es bueno, porque me aleja del otro temor que me producen los problemas laborales que tengo, Y cuando por fin, se me ocurre algo sobre lo que escribir, primero lo pienso, luego lo escribo y finalmente lo repaso varias veces, alejando de esta forma también mi mente del trabajo, lo cual es necesario y muy beneficioso.

Otras veces, con lluvia, frío o con mucho calor, me cuesta salir a andar, pero la agradable sensación de estar al aire libre y una ducha tras acabar hacen que me anime a salir.

Lo que hay que tener claro, es que estas aficiones deben implicar retos y esfuerzos que realizar, no valen aficiones como leer, ver series, ir al cine o de compras, porque todo eso también lo hago yo, pero no las considero realmente aficiones, porque no me suponen un esfuerzo real, ni tengo objetivos que cumplir en ellas que me obligan a superarme.

Las aficiones no tienen por qué ser físicamente duras. Conozco a dos excelentes profesionales, uno de ellos práctica yoga y el otro toca el ukelele, ambos una vez por semana, y desde que lo hacen se encuentran mucho mejor, duermen bien, su salud ha mejorado y la calidad de su trabajo también.

Por último, decir que ir todos los días al bar a tomar cañas no la considero una afición, aunque sea muy satisfactorio.

10.5 COMO SOPORTAR ESTRÉS Y PRESIÓN

La presión y el estrés son los peores enemigos que tenemos en el entorno laboral, pueden llegar a bloquearnos, provocarnos insomnio, ansiedad, taquicardias, falta de apetito, sudor, pérdida de cabello, palpitaciones en los ojos, tartamudeo y generarnos enfermedades de todo tipo.

Luchar contra ellos debe ser una de nuestras prioridades y de cómo afrontemos esa lucha dependerá en gran medida nuestro éxito profesional.

Aunque a veces parezca imposible sobreponerse a ellos, siguiendo estas indicaciones que figuran a continuación, seguro que lo lograremos y además de conseguir realizar un mejor trabajo, también nos permitirán tener una buena calidad de vida en lo personal y familiar, imprescindible para ser un buen profesional.

10.5.1 Priorización de tareas

El principio fundamental en el que debemos basar nuestro trabajo y a partir del que desarrollaremos el mismo es la priorización de tareas, es vital que seamos eficientes desarrollando este punto. Además, nos servirá para soportar mejor la presión y el estrés diario. Veámoslo con un ejemplo.

Son las 11:00 AM en la oficina y tenemos estas tareas pendientes:

- ▶ El consejero delegado pidiéndonos una importante información desde hace 30 minutos que no sabemos cómo conseguir.

- ▶ Hemos quedado en descubierto en la cuenta de un banco por un error nuestro, que están esperando que resolvamos en la sucursal bancaria.

- ▶ Un mensajero lleva 20 minutos esperando una remesa bancaria que aún no hemos comenzado a hacer para llevar a un banco y poder realizar un pago inaplazable.

- ▶ En 10 minutos tenemos una importante videoconferencia con una filial extranjera que llevamos semanas preparando.

Obviamente es imposible realizar las cuatro tareas a la vez, y debemos resolverlas con soluciones diferentes, pero primero decidiendo cuál de las cuatro es la más urgente. Sin duda es la del consejero delegado, al que no se puede hacer esperar, es normal que con la presión que tenemos en este instante no se nos ocurra como conseguir lo que nos está pidiendo, así que deleguemos y busquemos ayuda.

Realicemos una consulta al departamento de sistemas acerca de cómo conseguir la información que nos están pidiendo, y comuniquémoselo al consejero delegado, haciéndole ver que es una información compleja y que se debe obtener desde el departamento de sistemas, con ello ganamos tiempo y nos quitamos parte de la presión que estamos soportando.

Lo siguiente a resolver es el mensajero, porque la remesa que espera se debe llevar hoy si o si, y el pensamiento de ello nos está presionando en exceso. Realizar una remesa de anticipo de facturas o pagares es una tarea sencilla que otra persona del departamento de administración debe saber hacer. Así que elijamos las facturas o pagares a descontar, démoselos a esa persona administrativa para que elabore la remesa y digámosle al mensajero que en 10 minutos le darán la documentación que espera y se podrá ir.

Hemos dedicado 5 minutos a poner en marcha soluciones para estos dos problemas y nos quedan dos más y 5 minutos antes de la videoconferencia.

Pongamos un correo electrónico al banco en el que estamos en descubierto indicándole que tenemos una reunión de 30 minutos y que cuando acabe haremos una transferencia vía banco de España para resolver el descubierto y les enviaremos copia de esta, vayamos al baño para romper algo la presión y conectémonos a la videoconferencia.

Hemos superado una situación complicada, ordenando por importancia las tareas pendientes que teníamos que realizar de inmediato. Realmente esta es una de las labores más importantes que debemos realizar a diario. Es habitual tener más tareas inmediatas a realizar qué tiempo para hacerlas y debemos priorizarlas correctamente para resolverlas de forma adecuada. Además, al hacerlo en el orden debido también superaremos el estrés que nos producen, porque el haber priorizado adecuadamente nos dará la tranquilidad necesaria al saber que estamos haciendo lo correcto y que las tareas que están esperando es porque deben esperar, el saber que estamos actuando de la mejor forma posible es una buena medicina para superar estas situaciones.

Una vez solucionado el problema de la presión por tareas inmediatas, veamos el estrés más estructural y continuo que nos obliga a otro tipo de actuaciones para superarlo.

10.5.2 Relativizar situaciones

Es básico relativizar las situaciones que nos toque vivir en el trabajo, en muchas ocasiones he visto personas gritando, dando golpes y en estados de furia desmedida, por hechos laborales habituales dentro del "día a día" de una empresa.

Pero por diferentes causas, como estar sometidos a mucha presión, no saber gestionar estas situaciones, tener una forma de ser muy visceral u otras, estas personas reaccionan de una forma desmedida y poco profesional, que no beneficia a nadie, a ellos mismos los primeros, y que en absoluto ayuda a resolver el/los problema/s que generan esas situaciones.

¿Cómo evitar que esto nos suceda?, sobre todo teniendo perspectiva de la situación y viéndola desde fuera. Si estamos tan inmersos en ella que no somos capaces de ello, deberemos realizar el ejercicio del "helicóptero" cuando suframos estos ataques irracionales.

Dejemos el móvil en la mesa, vayamos al baño y encerrémonos. Cerremos los ojos e imaginemos que estamos dentro de un helicóptero que sobrevuela la ciudad donde trabajamos. Vemos edificios, carreteras, coches circulando, pabellones industriales, toda la ciudad a nuestros pies. El ambiente dentro del helicóptero es agradable y tranquilo, las personas que visualizamos se ven pequeñas desde tanta altura, y cada una de ellas tiene vidas diferentes con sus problemas y distintas situaciones, de las que comenzamos a ser conscientes.

De repente, reconocemos el edificio donde trabajamos, y el helicóptero gira hasta situarse frente a la ventana más cercana a nuestra mesa, en la que nos vemos a nosotros mismos, hace unos minutos cuando hemos sufrido ese ataque de ira. Es entonces cuando comprendemos la situación al vernos desde fuera: lo que vemos es una persona, en una mesa rodeada de papeles, sin más, solo eso, solo son papeles. Con mayor o menor trascendencia, pero papeles, que no pueden generarnos que nos "salgamos de madre" gritando y golpeando objetos.

Cuando nos demos cuenta de esto, debemos respirar varias veces profundamente, hasta ser conscientes y dominadores de la situación y no a la inversa.

Repetiremos este ejercicio tantas veces como sea necesario hasta recuperar el control y poder volver a nuestro puesto de trabajo para continuar con nuestra jornada y resolver problemas, pero teniendo claro, que solo son eso, problemas laborales que en ningún caso pueden hacernos gritar o dar golpes.

Todo esto sin renunciar a que cuando debamos defender nuestra postura frente a otros seremos firmes y no cederemos, pero en ningún caso gritar, ni golpear objetos. Eso no es positivo, beneficioso ni profesional.

Y lo digo, porque en una ocasión hace años, rompí un teléfono fijo a golpes tras una llamada telefónica no muy agradable. La persona del departamento de sistemas a la que tuve que pedir un nuevo terminal, me vio tan afectado que unos días después, me regaló de su bolsillo una pequeña canasta de baloncesto para colgar en la pared, junto con su pelota. Nunca se lo he agradecido lo suficiente, así que quiero decirlo aquí una vez más: "muchas gracias, Pedro".

Esta canasta se convirtió en un gran aliado: instauramos en el departamento el juego de intentar encestar tres veces seguidas desde una distancia marcada, cuando la situación de estrés nos desbordaba. Era mucho mejor que fumar un cigarrillo, exclamar un juramento, pegar un portazo o romper un teléfono. Te obligaba a concentrarte durante unos breves instantes en otra cosa, respirar profundamente para centrarte en el objetivo de anotar, y centrar en él tú pensamiento, dejando la mente en blanco durante un breve instante que es mágico, para luego poder recomponerla y retomar el trabajo que estábamos haciendo.

Jamás encesté las tres veces seguidas, mientras que varios de mis compañeros si lo hicieron, pero me salvó de muchas situaciones de estrés y sobre todo no volví a romper ningún terminal telefónico.

Es la segunda vez que relato esta situación en el libro, pero es porque la considero importante, muy reveladora e intento siempre recordarla y tenerla presente en mi día a día.

10.5.3 Tipos de estrés

El estrés hay que dividirlo entre presión evitable e inevitable.

A) Presión evitable

Es la generada por situaciones que se pueden prevenir, planificar, controlar y sobre todo evitar hasta lograr que desaparezcan. Veámoslo con tres ejemplos concretos:

1. Pago de finiquitos, anticipos y facturas. 24 horas al día, 365 días al año

La empresa donde trabajo es intensiva en mano de obra, con una rotación muy elevada de personal: 1.200 trabajadores con más del 65% temporales, debido a la constante realización de obras.

Ello conlleva el pago de un elevado número de finiquitos y anticipos que pide el personal. Además, en muchas de estas obras se exigen cursos de formación y/o seguridad para los trabajadores, que hay que pagar al contado. Y también hay que tener en cuenta obras nuevas que se desarrollan en ubicaciones donde nunca hemos trabajado antes, y en las que los proveedores locales exigen pago al contado para realizar el servicio o prestar el material, que en ocasiones es imprescindible para el comienzo de la obra.

Esto generaba cada día un continuo pago de finiquitos y anticipos a trabajadores, y facturas a proveedores, provocándome un estado de continua tensión, ya que no podía concentrarme en ninguna tarea de forma continuada, al ser interrumpido continuamente por una transferencia que se debía realizar "de inmediato", para pagar un finiquito, dar un anticipo o pagar a un proveedor que se negaba a dar un servicio a una nueva obra recién comenzada.

Desde el departamento de personal y producción indicaban que esta situación era inevitable y parte de la idiosincrasia de nuestra compañía.

2. Cargos bancarios imprevistos

Obviamente todo cargo bancario debe estar previsto por parte del tesorero y tener fondos suficientes para ello en la cuenta bancaria donde se va a producir dicho cargo.

Pero no se pueden tener cantidades "ociosas" en las cuentas corrientes, porque ello tiene un coste financiero, mayor cuantas más cuentas se tiene, circunstancia que se produce al trabajar con muchos bancos como es nuestro caso.

Entonces, ¿qué hacer cuando se tienen recibos cuya cifra exacta no se conoce hasta el mismo instante que se produce el cargo en nuestra cuenta?, por ejemplo 33 tarjetas de crédito personales, dos compañías telefónicas que dan línea a más de 75 números, tres compañías eléctricas que suministran electricidad a 22 locales, consorcios de agua, tarjeta de crédito AMEXPAÑA con la que se compran vuelos, estancias en hoteles y alquiler de vehículos por 600.000 euros/año, cargos de compañías aseguradoras con más de cuarenta pólizas anuales y comisiones de 80 avales en vigor.

Cada día, es una "aventura" la revisión de los extractos, sobre todo cuando descubres que tienes cuentas en descubierto por cargos bancarios no controlados ni previstos.

El estrés y tensión que genera esta situación provoca sin duda que no realicemos bien nuestro trabajo y que dediquemos un tiempo a ello, que deberemos quitar de otras tareas más importantes, lo cual nos pondrá aún más nerviosos y alterados.

Y por supuesto esta situación es totalmente "inevitable" según todos los miembros de nuestro departamento, exactamente igual que el punto anterior. Pensamiento remarcado, por la gran frase: "siempre ha sido así", que realmente quiere decir: siempre se ha hecho mal, pero o soy tan holgazán que no quiero darme cuenta de ello o tan estúpido que no soy capaz de hacerlo. Pongámonos en alerta cuando la escuchemos.

3. Exigencia desmedida de información por la banca

Balance de situación y cuenta de pérdidas y ganancias individual y consolidada, cartera de pedidos con importe ejecutado en cada uno de ellos y el pendiente de realizar, presupuesto del ejercicio, cumplimiento de dicho presupuesto, estimación de cierre del ejercicio, nuevas adjudicaciones, declaraciones mensuales/trimestrales y anuales de IVA e IRPF, declaración de Impuesto de Sociedades, alta de IAE, certificados de estar al corriente de pagos en la seguridad social, en la Agencia Estatal de Administración Tributaria, en la Diputación Foral de Bizkaia, Diputación Foral de Álava y Diputación Foral de Guipúzcoa, presupuesto anual de tesorería, documentación jurídica de la apertura de filiales, contratos de obras adjudicadas para las que solicitamos avales o borradores de los mismos, modelos de avales, cartas firmadas por clientes cancelando avales que nos han devuelto, porque el banco no considera suficiente la propia devolución del aval original, % de beneficio previsto en una obra en concreto, informes jurídicos de abogados independientes de inspecciones fiscales en curso, cuentas anuales e informe de auditoría individual y consolidado, sentencias judiciales, escrituras de constitución, de disolución, de apoderamiento, de revocación de poderes, de cambio de domicilio, de cambio de nombre, de fusión, de titularidad real, cobros recibidos de facturas, justificante por parte del cliente de anulación de facturas y muchas cosas más que no recuerdo.

Toda esta documentación e información me las han pedido, en diferentes ocasiones, alguno de los bancos con los que trabajamos, para realizar alguna operación como la renovación de líneas, o porque la sucursal con la que trabajamos está pasando una auditoría interna o simplemente porque se lo exige su departamento de riesgos.

Tener toda esta documentación escaneada y disponible supone un esfuerzo considerable y un estrés elevado, porque el no tenerla de forma rápida puede suponer la diferencia entre que aprueben o no una importante operación, como puede ser un aumento del límite de línea de descuento o la obtención de un aval fuera de los límites de las líneas habituales.

Estos tres puntos que pueden afectarnos hasta llegar a bloquearnos e incluso afectar a nuestra salud, generan un estrés que se puede evitar. ¿Cómo?, si se trata de situaciones que suceden de forma imprevista e incontrolada, dando al traste con nuestra planificación laboral y generándonos ansiedad. Sencillo, lo único que debemos hacer es controlar, planificar y regular estas situaciones, cada una de forma diferente. En base a la experiencia y los datos que tengamos.

Y aunque al principio pueda resultar complicado regularlas y controlarlas, quizás sobre todo con las personas que generan esas situaciones, a la larga esas propias personas se adaptarán y agradecerán que hayamos puesto orden en situaciones descontroladas que en nada contribuyen a un buen funcionamiento empresarial, del que somos responsables por la parte que nos toca en aquellos puntos como estos, en los que podemos y debemos actuar.

Veamos cómo:

1. Pago de finiquitos, anticipos y facturas 24 horas al día

Es muy poco profesional, además de absolutamente ineficiente estar pagando facturas, finiquitos y anticipos todos los días y a todas horas.

La solución consiste en establecer dos días: martes y jueves para el pago tanto de facturas que no puedan esperar a los habituales días de pago (5 y 20 de cada mes), como de finiquitos y anticipos de personal. Una vez comunicado esto a la organización, dejará de estresarnos, porque tendremos focalizados esos pagos en dos momentos concretos de la semana, y el argumento de la urgencia se verá superado por el del orden y eficiencia, debiendo esperar en el peor de los casos dos días para la realización del pago. Esto además obligará a una mayor planificación y organización a los departamentos correspondientes, lo cual siempre es beneficioso para la empresa.

2. Cargos bancarios imprevistos

Recuerdo que hace muchos años, revisando este punto, alguien me dijo que era imposible organizar estos cargos y hacer una previsión de estos, pero no es así.

Primero habrá que clasificarlos y luego en base a la tipología de cada uno, hacer un estudio de los cargos recibidos por estos mismos conceptos en los 12 meses anteriores y en base a ellos, realizar una previsión de los cargos que vamos a recibir en cada mes.

Esta previsión se puede realizar en una simple hoja Excel y luego incorporar las cifras previstas para cada cargo al presupuesto mensual de tesorería o introduciéndola en la E.R.P. de la compañía, que siempre tiene fórmulas para ello.

De esta manera, los cargos imprevistos dejaran de serlo, y el estrés que nos generaban desaparecerá al tener provisionados sus importes. Obviamente estas previsiones pueden cambiar, y habrá que estar atentos a los cambios para actualizarlas en función de lo que suceda.

Si se contratan nuevas líneas telefónicas o se cambia de compañía, lógicamente cambiarán los importes y el departamento de sistemas nos deberá informar de los nuevos precios y condiciones.

Si se cancelan tarjetas de crédito porque hay bajas de personal, o a la inversa, solicitamos nuevas tarjetas porque se realizan nuevas incorporaciones, deberemos modificar las previsiones de cargos por ellas.

Cuando devolvamos un aval al banco emisor, deberemos ser conscientes de que ya no deben volver a cobrarnos las comisiones, por él. Y cuando solicitemos la emisión de un nuevo aval, deberemos realizar previsión de sus gastos futuros: comisiones trimestrales por trimestre natural o cada tres meses desde su fecha de inicio, dependiendo de la entidad financiera que lo emita, y siempre nos cobrarán el trimestre por anticipado.

Si abrimos una nueva filial en el extranjero y se va a comenzar a viajar a ella con frecuencia, deberemos tener en cuenta que los cargos de la tarjeta que recoge estos viajes (Amexpaña O Dinners normalmente) aumentarán. Y al revés si se cierra una o varias filiales extranjeras.

Exactamente lo mismo con las pólizas de seguros y con los suministros de luz: atentos a altas, bajas y modificaciones.

3. Exigencia desmedida de información por la banca

Los bancos son como los niños: piden, piden y vuelven a pedir, e igual que a los pequeños hay que decirles que no.

La mejor forma para hacerlo es suministrarles una información de forma regular, y enviársela, aunque no la soliciten, y cuando pidan datos remitirle a ella.

En la compañía donde presto mis servicios lo que hacemos es emitir un informe trimestral, con la estructura de las sociedades que conforman el grupo, balance de situación y cuentas de pérdidas y ganancias consolidadas, presupuesto del año de la cuenta de pérdidas y ganancias, una estimación a cierre del ejercicio en función de la evolución del mismo y una comparación de dicho estimado a cierre con el presupuesto anual, analizando posibles desviaciones, evolución de los principales ratios y magnitudes financieras y un resumen de las últimas adjudicaciones, se trata de una información más que suficiente.

Los bancos agradecen mucho el envío de este informe de forma regular y es un ejemplo de profesionalidad y control. La fecha límite de envío a los bancos debe ser el último día hábil del mes siguiente al trimestre del que se informa, ya que un mes debe ser tiempo más que suficiente para elaborar el informe.

Esta información se puede completar, si nos lo solicitan con las declaraciones de IVA e IRPF y el impuesto de sociedades si lo pidieran, porque son declaraciones ya presentadas y que deberán estar escaneadas y a nuestra disposición en la red común.

Pero nada más, siendo firmes en este punto y haciéndoles comprender a las entidades financieras, que no podemos estar elaborando continuamente informes exclusivos para cada uno de ellos, y que precisamente por eso elaboramos este informe trimestral que suministra información más que suficiente, y qué si le sirve al resto de los bancos, también le debe servir al que nos llama.

De esta forma, habremos conseguido regular la demanda constante de información que suelen exigir las entidades financieras y eliminado el estrés que ello produce, pudiendo centrarnos en otras labores que aporten más valor añadido a nuestro trabajo, que recopilar datos y suministrarlos. Somos capaces de dar mucho más que eso.

B) Presión inevitable

Hay otra presión que es inevitable y que produce un estrés que hay que saber gestionar. Por ejemplo:

▶ Crisis económica mundial, con reducción de actividad económica generalizada, caída de ventas, reducción de inversiones por parte de los clientes y aumento de la morosidad.

▶ Quiebra y suspensión de pagos de un cliente principal, del que no se intuía que pudiera sucederle esto en absoluto.

▶ Crisis en el sector bancario, con reducción generalizada del crédito y desaparición de bancos estratégicos para nosotros.

Estas tres situaciones nos van a generar graves problemas en nuestro trabajo y ha resultado totalmente imposible hacer nada por evitarlas.

¿Qué hacer entonces con el estrés que nos producen?, ¿cómo podemos gestionarlo?

Solo hay tres formas para ello:

1. Aceptar la situación y adaptarnos a ella cuanto antes. Cuanto más rápidamente la asumamos, antes la superaremos. Además, todas las crisis tienen un comienzo y un final, por lo que cada día que pase estaremos más cerca del fin de esta.

2. No quejarnos de la crisis. La queja nos debilita, es un argumento para auto justificar que no podemos superar la situación. Siempre hay motivos para quejarnos, pero yo me alejo de la gente que continuamente lo hace, es tóxica e improductiva.

   Puede servir en un momento puntual de válvula de escape, pero solo eso, de forma esporádica. Si se convierte en algo repetitivo, nos envuelve una opacidad y negatividad en nuestro trabajo que no es nada positiva.

   Hay que huir de ella, con humor, alegría, coraje y sobre todo enormes ganas de lucha, muy necesarias para superar esta situación complicada que nos harán crecer como personas y como profesionales.

3. Ver la oportunidad que nos ofrece. "Lo que no te mata te hace más fuerte", es una máxima tan real como la vida misma.

   Vivir y superar situaciones como las mencionadas es parte de nuestro trabajo y nos harán ganar experiencia y mayor capacidad para resolver problemas de todo tipo en el futuro.

   Las situaciones del día a día, nos parecerán bromas cuando superemos estas crisis que nos darán una perspectiva diferente de todo. Debemos dar las gracias por esta gran oportunidad que la vida nos ofrece y aprender de ella y de nuestras capacidades.

10.6 LA SOLEDAD DEL TESORERO

En las empresas suele haber normalmente varios comerciales, algunos jefes de obra y responsables de producción, ingenieros, administrativos, cada vez más informáticos y también abogados, pero tesorero solo hay uno.

Los profesionales que he nombrado pueden compartir sus problemas entre ellos e incluso a veces buscar soluciones juntos. Pero ¿y el tesorero?, ¿con quién puede compartir sus inquietudes acerca de un importante cobro cada vez más incierto?, ¿con la negativa de un banco al aumento del crédito tan necesario en este momento? o ¿con un presupuesto de tesorería negativo que nos indica que no tendremos fondos suficientes para los pagos de este mes?

Con nadie, son problemas y situaciones que debe analizar en soledad, y buscar soluciones para ellos. En todo caso, como ya dije, puede buscar apoyo y ayuda en el director financiero y en el consejero delegado cuando ya no vea ninguna otra opción.

Pero en muchas ocasiones deberá sufrir en soledad esas situaciones, y lo que es aún peor, ocultárselas a sus compañeros, ya que nada es peor que contar una delicada situación financiera al personal de la empresa que puede compartirla y extenderla como la pólvora. Además, en el hipotético caso de hacerlo, la información se tergiversará, manipulará y modificará hasta transmitirse de forma que resulte totalmente diferente de la realidad.

Por eso, y porque el tesorero maneja mucha información altamente "sensible", debe ser *discreto*, como ya indiqué en el primer capítulo del libro. Él ve los salarios de todas y cada una de las personas de la organización, los pluses que reciben, el resultado de la empresa, el dividendo que se reparte, las previsiones económicas para el ejercicio venidero y todo ello debe quedar dentro de él y no compartirlo con nadie a no ser que sea absolutamente necesario profesionalmente.

Siempre habrá algún curioso que pregunte aquello que no debe, quizás alguna vez de forma impertinente y hasta de forma continuada, pero hay que saber esquivarle, no darle largas, si no de forma sutil y educada indicarle que esos temas no son cosa suya. Si es del tipo de personas que no entiende o que no escucha lo que se le dice, simplemente se lo diremos de forma más directa.

Pero hay que tener claro, que el tesorero muchas veces estará solo, y eso es duro, pero es totalmente necesario asumirlo cuanto antes, porque en caso contrario, puede provocarnos problemas.

Y cada uno buscará diferentes soluciones para soportar esa soledad: desde aficiones de todo tipo, a relativizar los problemas y las situaciones empresariales como ya he comentado en este propio capítulo. Porque realmente "nacemos y morimos solos, y entre ambos momentos conocemos a gente".

RECUERDA:

▼ Debemos separar lo profesional de lo personal. De forma que tengamos apartados los problemas de uno y otro.

▼ Ser inteligentes emocionalmente en los conflictos con las personas.

▼ Hay que tener una afición personal que requiera esfuerzo y nos ayude a olvidar y relativizar los problemas laborales.

▼ Es necesario priorizar las tareas y quitar peso a las tensiones laborales.

▼ Sobrellevar lo mejor posible la soledad del cargo.

DECÁLOGO DEL TESORERO

1. Separarse de contabilidad, ser sociable, constante, educado, paciente, positivo y discreto.

2. Fijar objetivos personales de mejora profesional y luchar por conseguirlos

3. Hacer cuanto antes el presupuesto de tesorería. Es lo más importante de nuestro trabajo.

4. Trabajemos con todos los bancos que podamos. Tengamos clara la relación con cada uno de ellos y seamos proactivos.

5. Semanalmente enviaremos informe de facturas vencidas y próximas a vencer para reclamarlas.

6. Las filiales deben tener presupuesto de tesorería mensual. Comparar tipos/cambio de varios bancos.

7. Ante la más mínima duda, no pagar.

8. Empatizar con el personal de la compañía adquirida y recalcar aspectos positivos de la adquisición.

9. La digitalización y la política de "papel cero" no es una opción, si no una obligación ineludible.

10. Hay que tener una afición que requiera esfuerzo y que ayude a relativizar los problemas laborales.

Me alegro que haya llegado hasta esta página, porque eso quiere decir que leerá, y espero que cumpla, mi última recomendación:

Llegue siempre hasta el final de todos los asuntos. Nunca deje nada a medias o se arrepentirá de ello.

SÍGUENOS EN INSTAGRAM Y ACCEDE GRATIS A NUESTRA BIBLIOTECA DIGITAL DURANTE 30 DÍAS.

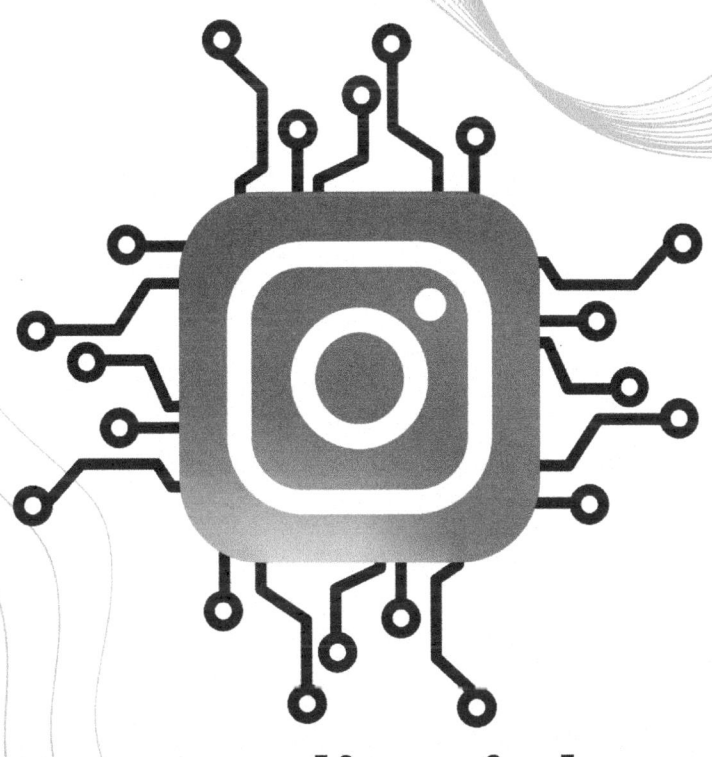

@grupoeditorialrama

¡ENVIANOS TU MAIL POR PRIVADO!

Grupo Editorial
ra-ma

40 ANIVERSARIO